新手父母

正向教養，教孩子獨立
化解對立，親子關係更緊密

叛逆是轉大人的開始

丘引——著

青少年的叛逆，都是5％惹的禍?!【修訂版】

Well, it's the 22th year since you became a mother, so....
Happy
22th Mother's Day
to You

我挺喜歡這張母親節賀卡的。
這是我的女兒寂琦在十七歲時，
送給我的母親節卡片。
那是我擔任媽媽的第二十二個年頭，
我可以算是個資深媽媽了。

丘引

青少年的叛逆，
都是5％惹的禍!?

CONtents

父母可以這樣做 129

父母的禁忌 178

CONtents

推薦序1

家長如何跟青少年做朋友？

李偉文／牙醫師、暢銷教養書作家

常常會覺得，臺灣的家長在孩子幼兒園或小學階段，投入太多心力，可是當孩子一上中學，幾乎所有的教養工作都「委外」了，由學校、補習班、才藝班，或電腦、手機、網路等，全面接管孩子的生活，父母不再真實地陪伴孩子，更不了解孩子：現階段的他們，究竟在煩惱些什麼？在擔心什麼？在害怕什麼？……

「青少年」是從受父母百分之百照護下的兒童，跨到獨立自主的成年人前的過度時期，渴望脫離父母，卻又害怕。**在身體快速成長時，有許多狀況是青少年自己不了解，也無法掌控的。**

比如說，負責理性思考的大腦前額葉，尚未完全發育完成，往往由負責情緒活動的杏仁核來掌握行為表現，因此，在「理智上」青少年知道：打人不好，飆車、吸毒也都不好，但是，杏仁核正驅使他們去做，好獲得情緒上立即的滿足。

這個階段的孩子，也正是追求生命意義，與同儕認定的階段，急著想要釐清——「我是誰」、「我的價值是什麼」。他們在尋找自我，特別討厭父母老用「小時候的他」來為自己定位。好辯頂嘴、挑剔唱反調、討厭偽善、挑戰權威等，都是「叛逆期」的象徵。不了解孩子內心的徬徨，父母多只會震驚地懷疑：「我的孩子怎麼會變成這樣？」然後，傷心地回想孩子小時候有多乖。其實是無濟於事的。

當孩子情緒很不穩定時，若是家長沒有發覺異狀，仍然採取高壓的管教方式，親子間的衝突只會愈來愈嚴重。這時候，**父母應該要調整自己的心情，不再當個無微不至的管理者，與其想爭回孩子的掌控權，不如轉換角色成為「顧問」**。因為他們雖然不想被大人限制，但是他們還是需要些意見指導。

所謂顧問，就是**當「客戶」（你家的孩子）準備好，並且確定他們想聽時，才發表意見**。因為父母與子女對於「需要」的認知不太一樣，往往家長認為只是好意的提醒，孩子卻反而會覺得不受尊重，甚至視為「魔掌即將要伸到我的勢力範圍」的危機，立刻暴怒、發飆、反抗。

不諱言，這個階段的孩子，在父母眼中，的確是非常的「難搞」，因為他們要求擁有自由，卻無法承担責任與後果；主觀的意識很強，卻沒有完整地思考判斷能力。他們強烈宣示對自己身體與活動的所有權，並且想從事成年人可以做的事，可是，這些活動卻是他們很少或完全沒有經驗的，因此，往往落入眼高手低的處境。

青少年是需要大人的陪伴與協助的。但是，我們如何跟這些酷酷不理大人的孩子做朋友？並不會因為我們自以為的愛孩子、關心孩子，他們就會買單，因此，**每個大人都必須認真的學習**。就像書裡提的：「雖然青少年存在共同的現象，但每幾年就是一個『代』。而且，代代有別，還不分國內國外。因此，你以前在學校學的那一套，不管用了。除非你，回到學校繼續求學。」（P.60）

幸好，丘引老師很用心地寫了這本書，內容非常豐富又完整，文筆生動又簡潔清晰，更重要的，**既有理論佐證又兼實務經驗法則**，值得每個關心孩子的家長仔細閱讀，並且嘗試著在生活裡運用。

因為，**陪伴孩子走過青春叛逆真的很重要**。以前的時代，家長們只要靜靜等待孩子度過狂飆期，待他們長大成熟後，也許往日正常乖巧的模樣又回來了。但是，這個時代誘惑太多，一旦陷進去，就回不來了，甚至，等不到大腦完全發育，他們就永遠的改變了，我們豈可不謹慎看待這一段常常被我們忽略的關鍵期！

推薦序2

提升教養力，教青少年變容易

李貞慧（水瓶面面）／國中英語教師、人氣親子部落客

我在國中任教，許多人都會問我：「國中的孩子是不是不好教？」國中的孩子不必然就不好教，他們正處於身心急遽變化的過程中，「叛逆」是他們追尋自我、宣示獨立的展現，大人們若能多理解青少年的心理，將可避免許多無謂的衝突與誤解。

這本書，正可以當作家長與青少年階段孩子的互動實用指南。書中條理清晰，敘述教養青少年該具備的觀念與做法。其中最讓我感動的一段文字是：

「時代在變，青少年更是變中求變，當父母的人，不得不變。唯一不變的是，愛孩子的心，是無條件的愛。而愛，是挺一個青少年往成熟獨立的大人之路的根本。缺了愛，就算給皇宮和錦衣玉食，又如何？」（P.24）

的確，教育無他，唯「愛」與「榜樣」。**有了親情的滋養，青少年的成長之路會走得更為安全穩當。**

對於「優質時光」的重要性，我也非常地認同。

「孩子的成長很快，在他們最需要父母，也是他們生命最艱難，最想要長大獨立和自我認同的時刻，父母的參與，不能少。你可以選擇讓自己的事業更成功，更富裕，但是，你可能花再多的錢，都買不回失去靈魂、沒有人生方向的孩子。……參與孩子，絕對錯不了，請相信我。」（P.45）

丘引老師建議要多陪伴青少年，給予青少年「優質時光」。所謂「優質時光」，就是在陪伴的過程中，心無旁騖地參與孩子的活動，甚至心中的世界。

家有青少年的爸媽，必須把孩子視為大人，平等待之，並用心傾聽他們說話，不批評、不責罵，好讓孩子願意信任父母，進而敞開心扉，說出心裡話。這是作者最真誠懇切，且語重心長的提醒，我們身為父母的，千萬要牢記於心，勿留悔憾。

在教養孩子，尤其是青少年的過程中，父母需要不斷的學習、成長。**閱讀優良的親職教養書，就是提升教養力的最直接的途徑**。如果您希望更了解青春期的孩子，如果您希望與青少年有更良好的關係，如果您希望您的孩子順利長成好大人的模樣，千萬不要錯過丘引老師這本優質的親子書。

自序

家有青少年，颱風掃不斷

如果你家有**青少年**，那麼，這本書是為你量身訂寫的。

如果你家有十二歲以下，九歲以上的**前青春**孩子，這本書也是為你寫的。

如果你家有已經上大學的**後青春**少年，這本書，仍然是為你寫的。

在準備寫這本書之時，我從我居住的美國小城鎮的華盛頓圖書館，借了十幾本關於「教養青少年」的書，還上網搜索，也研讀了不少相關的研究。我發現，「**教養青少年**」是全球性最艱難的工作（與任務）。每個國家的父母都在叫苦連天，都想突破重圍，都想為自己找到一條生路。

從這本書的目錄，你可以發現，**我從多方角度切入，希望可以幫助深陷「教養青少年」苦海中的父母脫離苦海**。

要做好教養青少年的工作，非常困難。即便你非常努力的去做，還是很難滿足你家青少年的需求。你會發現，他們是全世界最貪心的一個族群，也是最難以滿足的一個族群。

他們似乎存在很多的不滿，有時候，會叫你錯愕不已。有時候，會叫你跺腳搥心肝，大喊「那你要我怎樣」。親子戰爭的局勢，好像就要一觸即發。

聽聽看我家女兒怎麼抱怨我：「啊！暑假就想要睡一個好好的長覺，我卻得跟著我媽媽去外國自助旅行。為什麼我連要多睡點覺都被我媽剝奪了？真討厭。」

第一次聽到那樣的抱怨時，我反擊她：「很多青少年巴不得要當我的孩子，這樣他們就可以跟著我到世界各國旅行，妳還不知好歹！」

她瞪了我一眼，說：「我就想暑假好好地睡覺，這樣簡單的心願，不行嗎？」

後來她上高中了。有一次我警告她：「嘿！妳小心一點，少惹我，我現在可是**更年期**，不好惹啊！」

誰料到她的回答是：「妳也給我小心一點，我可是**青春期**，很火爆，不好惹，妳才是少惹我為妙！」

不過，有一次她居然對我說，她的一個高中老師在課堂上說，要是青少年不是這麼火爆，這麼難磨，父母怎麼肯放手讓他們長大，離家（父母）而去？「媽媽，老師說那是笑話，但事實好像也真的這樣。」在晚餐桌上，她這樣說時，我們母女兩人突然爆笑開來，就是釋懷。

我兒子是悶燒鍋，不容易聽到他的抱怨，但兄妹給我這個媽媽取了一個綽號──「假民主，真獨裁」。原因是有時我會和他們討論後，自己做出（另外的）決定，例如，旅行時，考慮到錢的使用，我得斟酌情況，不能滿足他們的需求。

悶燒鍋兒子雖然抱怨少，卻很會和我爭權力，一心一意就要和媽媽「平等」。

小學畢業時，他很失望他的小學畢業旅行被取消，於是，我帶著他到非洲自助旅行兩個月。才十二歲的孩子，當我們從馬達加斯加的銀行兌換錢出來，就開始和我爭平等。他說兌換來的錢，要一個人分一半，這樣他的身上和我有一樣多的錢，才不會被我這個媽媽「控制」。

我依了他。後來到了尚比亞也是如此。但在慶典時，他的錢全部被扒手扒光了。那次我們的旅行，當然也因此去睡YMCA的辦公室和吃泡麵止飢。

即便如此，他們還是說我「假民主，真獨裁」。你說，當青少年的父母簡單嗎？一點都不簡單。

我不只帶我的一雙孩子自助旅行了二三十個國家，我也在他們十幾二十歲時，帶他們騎腳踏車環島。相反地，讀國中時的世昕因忘記帶作業要被處罰，打電話拜託我幫忙送到學校。我向他收費，一趟一千元臺幣。不是我愛錢，而是訓練世昕為自己負責。我深信，唯有為自己負責的人才能真正獨立，也才能得到真自由。

青少年要獨立，要自由，要平等，要隨心所欲……，還要自我認同，就是不要「責任」。親子之間的衝突，幾乎是隨時都要上線的。但也因為如此，讓父母絞盡腦汁，不斷地挑戰自己的能耐，這讓我們的生命，因而沸沸揚揚，不敢鬆懈。

身為父母的，即便是孩子犯錯了，我們還是要堅守在對的路上。孩子討厭我們，我們還是必須笑臉相對。

美國的教養專家羅斯門，有一次在一個五百人的演講場合時，他問臺下的聽眾：「你們在青少年時期，喜歡你們的父母的，請舉手。」

你猜得出答案嗎？只有十隻手。

好吧，這個答案，真的可以讓你釋懷了。

喝杯咖啡，看場電影去吧！

先做朋友再說

青少年（Teenager）這個字眼，歷史還算很短，從第二次世界大戰尾聲（1945年），進入工業時代才開始的。算起來，也不過才七十年而已。

在這個字眼未成形之前，從兒童到成人是一條線，中間沒有青少年的存在，也沒有爭獨立和求自主。青少年多數是聽從父母對於家庭的需求，例如，在家中的農田裡耕作，或到工廠打工，所賺得的錢，作為支助年紀比他們小的弟弟妹妹生活所需。然後，結婚了，從此變成大人。

我也是這樣子變成大人的青少年的其中之一。我的父母只要對我及我的手足發號施令，「去工廠工作，好貼補家庭所需。弟弟妹妹還小，你是大的，你有任務」。我們就得遵守，不得有異議。

而工業化時代，甚至是科技時代的青少年不一樣了，他們的父母，無不戰戰兢兢的想要給孩子最好的。但，什麼是最好的？也不免質疑。

01 一起打球，一起流汗

在籃球場上，A、B、C和我，以及一些黑人大學生正在奔跑、防守、搶球、打球、投籃。汗水從每個人的臉上流下，衣服當然也溼了一大塊，就好像不小心跌入池塘一樣。

雖然如此，每個人的臉上專注的表情，是無庸置疑的。投籃要得分，對我而言，一點都不困難。跑，也不成問題，我的體力可不輸給這三位臺灣來的青少年。

A、B和C，都是十三歲的少年。他們剛結束在臺灣國中一年級的課程，趁著暑假期間，到美國來參加一個多月的夏令營。而我，就是他們三人在美國的接待家庭。若用美國的方式來說，我是他們在美國的監護人。

監護人的責任，形同父母，他們與我一起居住、生活。若他們生病了，我需要負責。他們受傷了，我也需要負責。若他們行為上有什麼問題，我還是要負責。他們的父母授權我，代理他們在美國的一切，全權由我負責。

早上，我走路或開車送他們去夏令營，下午又走路或開車接回他們。緊鄰我家的鄰居，是天主教的中學校。因此，我每天都和很多青少年擦身而過或碰面。

在那之前，我在小城裡的幾所初中和高中當數學實習老師。加上每年六月，我在一個免費的日夜夏令營擔任義務的夏令營輔導員，我和諸多美國青少年相處。看著臺灣和美國青少年相似處和相異處，有時候，我難免會想，如果我是他們，我會怎麼樣度過我的青春期。如果我是他們的父母，我又會如何接招拆招。

從兒童到青少年的階段，某些部分，他們和我或和他們的父母相似。例如，生理的變化、特徵，包括性象徵和聲音的改變，以及開始叛逆和要求自主，也在自我認同上惑來惑去。同時，**他們也需要父母的愛、關注、包容、接納、支持和信任**。

不同的部分是，他們成長在科技的時代，比工業時代更為先進和複雜。他們的世界比過去任何一個年代的青少年都還大。他們也比以往任何年代的青少年還聰明。在資訊爆炸的時代，他們一年吸收下來的資訊，遠超過他們父母所處的年代十年以上的學習。

所以，他們侃侃而談，話題寬廣到父母招架不住，這是指他們和同儕之間的對話。父母若沒有緊跟著資訊時代的腳步，話題很難和青少年有所連結。

時代在變，青少年更是變中求變，當父母的人，不得不變。**唯一不變的是，愛孩子的心，是無條件的愛**。而愛，是挺一個青少年往成熟獨立的大人之路邁進的根本。缺了愛，就算給皇宮和錦衣玉食，又如何？

02 青少年的「愛之語」

喬治亞州的夏天，太陽晚上九點才下山。因此，A、B、C和我，在夏令營課程結束回家後，要不是先打球，才吃晚餐；要不然就先吃晚餐，才打籃球。我們總是要淋漓盡致，才算完成一天。

2014年六月下旬，我正準備結束在臺灣為期四個月的演講活動。在返回美國（我就讀的大學的小城鎮）前，我在我臺北家附近的丹堤咖啡，和A、B、C三個青少年，初次見面。

才剛見面，我就毫不客氣的用英語直接面試他們，而且是一個一個來，還不准他們的媽媽代替他們回答。我就想聽聽他們「說自己」，而且是用屬於青少年自己的語言來說自己。

我會那麼做，是因為青少年討厭人家把他們當小孩看待，他們也不喜歡父母在同儕面前，替他們說話，或靠他們太近。他們認為自己長大了，就像大人一樣。

因此，我在做了簡單的自我介紹後，就對少年們說：「輪到你們了，告訴我，關於你們自己的一切吧！」

空氣有點冷，先來的兩位少年，A和B都沉默了。

青少年的一個指標，就是沉默。他們不再像是兒童時期，嘰嘰喳喳的急著對大人表現自己。**大人要他們開口說話，要有技巧，還不能強迫**。

既然沉默，我就用**訪問**的方式，去認識他們。話題都是圍繞著他們的生活打轉。例如，「你是誰？」「你的名字？」「你幾歲？」「你最愛的食物是什麼？」「你最討厭吃的食物是什麼？」「你對食物有過敏嗎？」「你讀幾年級？」「你在學校最喜歡的科目是什麼？」「為什麼你最喜歡這個科目？」「你在學校最討厭的科目是什麼？」「為什麼你最討厭這個科目？」「放學後，你通常做什麼？」「週末時，你做什麼？」「你最喜歡做什麼？」「你喜歡交朋友嗎？」……

問完了關於他們自己的問題後，我又問了他們，關於他們的父母和手足的事。例如，「你的父母（兄弟姐妹）叫什麼名字？」「他幾歲？」「從事什麼行業？」「他們最喜歡做什麼？」……

C是最晚到的，也是很特別的青少年。他一踏入咖啡館，聽到我說要用英語做自我介紹後，就像打開水龍頭的水，侃侃而談他自己和他的家人。在做介紹時，他沒有遲疑，沒有抗拒，也不需要我的引導。

很好玩的是，三位少年都不知道自己的爸爸媽媽現在幾歲。有的知道父母從事什麼工作，有的說也說不上來。

別驚訝，我的孩子在他們這個年紀時，也不知道他們的爸爸和我到底幾歲。我的女兒寂琦在人家問起，「妳的媽媽是從事什麼行業」時，她知道是「報社主筆」，而「報社主筆」是做什麼的，她沒有概念。對於媽媽當報社主筆的工作，她只知道頭銜，不了解那是為報社寫社論的工作。

在寂琦的認知裡，媽媽一直都是行動很自由的人，好像放學回家都可以見到媽媽。後來她又知道了，媽媽是「旅行作家」，是「親子作家」。即便如此，女兒認為媽媽就是一個很自由，都是在玩的人。

對我的兩個孩子來說，「『媽媽』就是每年寒假、暑假，帶他們到世界各國自助旅行的人」。

不只是在寂琦眼裡看到的媽媽都是在玩，我的兒子世昕也如此。因為媽媽工作時，他們兄妹沒有看到，即便看到了，他們覺得媽媽就是坐在電腦前玩。這是這個年代的青少年，對父母從事的工作普通的認知。

因為我的孩子如此，所以，我對三位青少年的回答，並不訝異。

倒是從訪問中，知道三位少年最喜歡的是打籃球。我回到美國的第一件事，就是去買一個籃球回家，讓那顆球等著他們來。

在買球時，我同時預備了我自己，要和三位少年一起打籃球。

和他們一起打球，就是陪他們玩。這樣，我才能和他們做朋友。

一起流汗，一起歡笑，一起瘋狂，也一起傷心，一起難過，這就是一起玩，也是交朋友的機會。而國高中生喜歡運動，尤其是國中生，這是非常好的活動，抒解他們正在狂飆的青春期。

花時間和青少年一起活動，剛好與美國婚姻心理諮商專家，蓋瑞・巧門博士（Dr. Gary Chapman）開創的「青少年五種愛的語言」（The Five Languages of Teenagers）之一的「優質時光」（Quality time）的訴求不謀而合。

蓋瑞・巧門博士一系列《愛的語言》，或者可以說是《愛之語》的書，打動也影響了很多人。

「愛之語」涵蓋了五種愛的語言，包括**肯定語言**、**肢體接觸**、**優質時光**、**行動服務**、和**贈送禮物**。蓋瑞・巧門博士認為每個人都有主要的愛的語言，只要找到對方主要的愛之語，就能夠讓彼此間的關係起死回生。

若能運用對方主要的愛之語，加上其他四種愛的語言輔助，那麼，彼此間可以和諧並促進良好關係，進而能幫助自己，也能達到協助對方的目的。

蓋瑞．巧門博士也是教會的牧師。但是，他是一個超越宗教，也是觀念很開放的人，不為宗教束縛。

現代的父母很忙，而「優質時光」需要花很多時間與孩子共處，並將注意力專注在青少年身上，因此，那是青少年五種愛的語言中最困難的一種。若陪青少年打球，卻心不在焉，如想著還沒有完成的工作，或者有氣無力，那麼，青少年立刻就會看穿大人的虛偽與敷衍，進而排斥大人的「劣質時光」。

打球、釣魚、登山、看球賽、逛街購物……，都是「優質時光」的方式。

父母不但要和孩子一起打球，也要運動，讓自己健康。這樣父母要當孩子的「榜樣」或「偶像」，機會才大。

03 優質時光：一起聊天

在籃球場上，青少年們告訴我，臺灣的國中生和高中生最喜歡玩Game（線上遊戲）。其中，在國中生和高中生的世界最風靡的線上遊戲是「神魔之塔」，而且是男生女生都愛玩，男生更瘋。

還有不少國高中生瘋玩「全民打棒球」的線上遊戲。另外，青少年最喜歡的動漫則是「職棒大聯盟」。女生愛動漫更甚於男生。

「女生的聊天話題，都是動漫。」這是B說的。其他兩位少年都附和，而三位少年分別是來自不同的國中。可見他們的說法，有其根據，是一種叫做「流行風」的東西，屬於青少年文化，普遍吹在青春期孩子之間。

B告訴我：「線上遊戲下載安裝程式，就可以玩。只是網路速度很慢，下載『全民打棒球』就得花去半天或一天。若買光碟，只要一小時就安裝完成了。」

「那麼，玩線上遊戲要花錢嗎？」我問他們。他們說，那是免費的。買光碟則要花錢，但錢也不多，例如，「全民打棒球」的光碟只要一百元臺幣，而且還附送虛擬的寶物呢！

C則說，光碟容易「燒」，要複製很容易（瞧，國中生的知識是多麼的豐富啊！他們現在的知識，基本上都比父母國中時豐富太多了）。

「那這樣，線上遊戲公司靠什麼賺錢呢？」我再問。

「線上遊戲公司靠賣虛擬的寶物賺錢。虛擬的寶物，簡稱『虛寶』。有了虛擬的寶物，就會升級，而升級以後速度就更快。而且，除非付錢買『虛寶』，否則，就沒有『虛寶』。當你有了『虛寶』，而別人沒有時，就顯得你和人家很不一樣。但花錢買『虛寶』，一直買一直買，累積起來費用就不少了，很浪費錢呢！」這是他們的回答。

「就像國高中生最瘋狂的『神魔之塔』的虛擬寶物就是魔法石，簡稱石頭。好玩哩！還有『神魔之塔』的『轉珠』也很好玩呢！」

他們還告訴我，應該是每一種線上遊戲都有「虛寶」吧。因為那是線上遊戲公司生存的來源。

我又問他們：「國高中生最喜歡在哪兒玩線上遊戲？」

「除非是家裡有光纖，否則，在家玩線上遊戲的速度太慢了。尤其當家中同時有好幾臺電腦都在玩線上遊戲，網路的速度就更慢了。因此，答案是『網咖』。」理由是網咖的速度很快，比家中的網路快了九成左右，這樣可以玩得更過癮。

我繼續問：「到網咖玩線上玩遊戲，通常都會玩多久呢？」

「一次三、四小時算是小兒科，搞不好七、八小時，或更久都有可能。」

他們甚至告訴我：「還有人在網咖玩線上遊戲玩到暴斃。」

網咖，就是「網路咖啡廳」的簡稱。

那你知道「暴斃」的意思嗎？就是有人在網咖玩了很久很久，然後，坐在電腦前，突然，人就掛了。**這是真的生命消失，不是虛擬的**。

「『網咖』是危險的場所嗎？」我問三位少年。

「要看是明亮的，還是暗暗的。如果從外面看，網咖的玻璃是明亮的，可以看到裡面，那麼，就是安全的網咖。相反地，如果網咖外面看不到裡面，表示是危險的網咖。」他們一致都這樣認為。

「在網咖可以吃喝嗎？可以帶食物進去嗎？」我再度問。

「當然行啊！什麼都可以。」我不是沒有上過網咖，但我在網咖的時間不會停留很久，通常都是上網收信件和回覆信件，或上網查詢資訊。因此，我藉著問少年勇士，而了解網咖更多一些。

「上網咖的價錢貴嗎？」我又問。

「太便宜了，一小時才20元臺幣。」

這下子我了解了，如果父母沒有為孩子準備午餐，或孩子放學直接到補習班，沒有回家和父母一起吃晚餐，只是給孩子餐錢，讓孩子在外頭自行解決午晚餐的話，孩子很可能將吃飯的錢用到網咖去。

想想看，臺灣打工的青少年，依法規定一小時才賺115元臺幣工資；而打工一小時，只能上網咖三、五小時左右。換算一下，一小時20元的網咖價格看似便宜，但實際上，一次就得打上幾小時的線上遊戲，累積下來的費用其實不低耶。

原因是，線上遊戲會讓人上癮，下不了線，花費就不斷的堆高上來。

此外，他們還告訴我，國高中生喜歡用iPad或平版電腦勝過用電腦玩遊戲。理由很簡單，iPad或平版電腦不必等待開機時間。幾乎是一拿到手，立刻可以開始玩。而電腦還需要開機，不管系統多新，開機還得等上幾分鐘哩！

連等待幾分鐘都嫌麻煩或不耐煩，這樣的世代，當父母的你，可了解？

要和青少年聊天不容易。他們和同儕之間幾乎無所不談，但一碰到大人，尤其是父母，立刻在中間畫上一條線，不肯跨越。

而他們願意毫不保留的對我說臺灣的青少年文化，就是因為我陪他們打籃球。在籃球場上，青少年願意敞開他們的心扉。

04 「傾聽」是魔術

陪三位青少年打籃球，是戶外動態的活動。除了和三位臺灣少年到籃球場打球，我也陪他們打「兒童麻將」，就是「拉密數字」遊戲。這是靜態的活動。我沒有玩過「拉密數字」。因此，他們是我的「拉密數字」的老師，是他們教我玩，而且還教得挺好，讓我一玩就上癮。

「拉密數字」的英文是「Rummikub」，那是一種稱為「Rummy」的桌遊和「麻將」合併而成的數字遊戲，於1930年時，由一位在羅馬尼亞的猶太裔人所發明的。當時，他在發明這個「拉密數字」遊戲之後，還自己沿街叫賣。至今，「拉密數字」已經成為國際性的遊戲，甚至還會定期舉辦世界拉密牌比賽，每年都有幾十個國家的好手參與。

我本來以為不會打麻將，要學習「拉密數字」遊戲恐怕不簡單，沒想到，我不但很快就學會了，而且，還和他們一起玩得很盡興。

從「拉密數字」的規則，我就看出來，那是一種數學遊戲。而我在美國大學主修數學，一看就知道那是數學裡的排列組合。這是提高數學能力的一種遊戲。

若沒有和三位少年玩「拉密數字」遊戲，我怎能洞悉他們在做什麼，在想什麼呢？在玩遊戲時，我還從那兒看出青少年的個性來。

三個青少年，三個不同個性。C很聰明，但他總是同時做好幾件事，例如，玩「拉密數字」遊戲時，他要看電視影集，還想要寫日記。A和B也會如此做，但他們更專心的玩「拉密數字」遊戲和聊天。

由於這樣，輪到C時，我們總得等他很久。他說他在思考，但其實是分心而無法馬上反應。我讀過「拉密數字」的規則，每個人的思考時間是一分鐘。因此，我提出，「大家得遵守遊戲規則」，但C說，「遊戲規則不重要，可以改變」。

由此，我就知道了。C是一個自主性很強的青少年，拒絕服從「遊戲規則」。他對我說，「玩遊戲，不必遵守遊戲規則」。相對於C，A和B會遵守「遊戲規則」，也比較尊重權威，而C則是比較自我的青少年。

不遵守遊戲規則，大家就得等C很久，因為他的手裡拿著牌，眼睛卻在電視上，有時候一等超過十分鐘，其他兩個人也會跟著看起電視影集，或跑去做他們自己的事情。這樣就是在浪費大家的時間。

以自我為中心，是青少年最常見的現象。分心，也是他們常有的現象。

我對他們說，不論是玩遊戲，或是到任何地方，都要遵守「遊戲規則」。「遊戲規則」的訂定，一定有其道理，當然要遵守才行。就像法律，也可以算是「遊戲規則」，大家都遵守法律，社會秩序穩定，大家就平安。破壞法律，就是破壞社會秩序，就要受到法律的制裁。

藉著玩「拉密數字」遊戲，我趁機將「遊戲規則」的用意說出來。

我說：「玩，就要盡情地玩。做事，就要盡力地做。一次只做一件事情，玩遊戲時就是玩遊戲，而不要寫日記，也不要看電視影集，但可以聊天。因為聊天不影響玩遊戲，而且聊天可以促進彼此的了解和感情。」

父母的責任，就是在引導。引導青少年往一個方向去走，方向引導對了，青少年就走對路了。

但**青少年容易一再地重複同樣的錯誤**。例如，即便說好要遵守遊戲規則，他們還是會一次又一次的違規，還是會忍不住要在玩遊戲的同時做其他事情。這也是青少年常見的現象。

因為遵守「遊戲規則」，在玩「拉密數字」時，我們聊的比打籃球時聊的更多。說是聊天，不如說，是「他們說，我聽」。

聆聽他們說話時，我就像臺灣學生上課一樣，靜靜的聽，不加入任何的評語。他們說話，我聽；若我聽不懂他們說的話題，就問；問了後，還不知道怎麼玩，或不懂怎麼走捷徑，就請他們示範。

因為「傾聽」，加上觀察，藉由遊戲，我知道他們的思考模式，像是綜觀全局和鑽研局部的配合，以及他們解決問題的能力。例如，在卡住時，他們怎麼解決？如何重組？要重組得先破壞或全面移動，那是稍一動法，就改變全局的動作。

在遵守遊戲規則下，玩「拉密數字」遊戲時，大家都很專注的思考，怎麼玩？怎麼拼？怎麼破壞？怎麼恢復？怎麼因應對方的牌，打自己的牌？

「拉密數字」遊戲需要思考，遊戲時間自然拉長，聊天聊的就更多了。在玩遊戲時，青少年會願意全盤說出他們心中的話，以及他們同儕的狀況。

和青少年在籃球場打球、聊天，和在家玩拉密數字遊戲，都是「優質時光」。聊天，還是要聽，需要專心聽，一點分心都不行。

看，在籃球場上，可以傾聽青少年說話，這比在家裡更自在，更讓他們願意坦然開口。**這也是優質時光中的傾聽和交談，就是「溝通」**。而和青少年溝通，非常不容易。我相信，你早就體會到了，有時候，想要和家裡的青少年好好講上一句話，卻常碰了一鼻子的灰。

在玩「拉密數字」遊戲時，我們有時候在我家客廳，大家都坐在地板上，很平等。偶爾還有零食上線，例如爆米花、馬鈴薯片、飲料等。

有時候，少年們會說，在桌上玩「拉密數字」，比較有打麻將的感覺，我也依了他們。他們還說，旅行用的「拉密數字」遊戲牌，不比在家用的「拉密數字」遊戲牌，有更強烈的感覺，「旅行用的主要是要輕，要小，這樣方便攜帶。但在家用的，體積大，重量較重，比較有打麻將『碰』的感覺」。

從那樣的對話，我也就知道了，少年在臺灣的家有上桌打麻將的經驗。

傾聽，是我認識和了解他們的一個方式。我想，如果父母願意傾聽青少年心中的話，而不加以批評，不愛開口的青少年，也會在沒有防備大人的前提下，樂意像和同儕聊天一樣的自在說話。

青少年不愛說話，是全世界共有的現象。**因此，傾聽他們，尤其重要。這是父母蒐集資訊的重要管道。而傾聽，也是「優質時光」的必要過程。**

05

參與青少年

和國高中生玩遊戲或打球，才比較有機會和他們做朋友。沒有和他們一起玩遊戲，怎麼進入他們的世界呢？沒有進入他們的世界，又怎麼了解他們？沒有了解國高中生，怎麼教他們，如何影響他們呢？

一起玩遊戲，就是「芝麻開門」。當門開了，身為父母或師長的人，才更有機會傳達你們要傳達的訊息。不是嗎？

當父母的你，不願意和國高中生一起玩遊戲，你將比較難找到機會真正的影響他們，要做好父母對青少年的教養工作就比較難。

說更白一點，你只能「養」他們，只能提供生命基本所需，例如食物、金錢、衣服、房子而已。你對孩子在心智和行為的成長影響力相形較低，你更難有機會教孩子做決定。而錯誤的決定，則往往誤導青少年的一生。

如果，父母只是孩子的搖錢樹，那麼，孩子願意聽你的嗎？不是不可能，而是困難度很高。你能教孩子嗎？你教孩子時，孩子聽進去了嗎？還是左耳進，右耳出？或者壓根兒還把耳朵蓋起來？甚至，不鳥（理）你？

如果，你和孩子沒有共同的語言，彼此間就難以溝通，就像你碰到美國人，你只會說國語或臺語，卻不會說英語，那麼，你和不會說國語或臺語的美國人，只能雞同鴨講，或是比手劃腳。

而比手劃腳，有時候似乎可以溝通，但那是淺層的溝通，例如吃飯、找車站、問路等。若要更深層的溝通，比手劃腳要比到哪兒？要劃到哪兒呢？

家有國高中生，可以說，這是父母一生中，在教養的路上，最艱難的挑戰。青少年喜歡頂撞父母、出言不遜、和父母衝突不斷、不聽父母的話、奇裝異服、行徑乖張……，也許你點頭如搗蒜，一票父母異口同聲的說：「對對對，我家的青少年就是這樣。」

在這種情況下，**如果你不靠近孩子，孩子就遠離你**。何況，在這個年紀的青少年，若他們願意讓爸爸媽媽靠近，已經是「施恩」，是天大的恩惠了，你知道嗎？原因是，時間站在他們那一邊。你一定要了解自己的情勢才好。

既然你家青少年的靠近是天大的恩惠，當父母的人，就要好好把握。

你說，我不會打籃球，不會打排球，不會打網球，不會玩遊戲，我該怎麼辦？

學啊！什麼都是靠學來的。

向誰學呢？可以付費向教練學，可以自學，也可以以青少年孩子為師，向他們學習。當父母的人，在這個年頭，沒有什麼面子掛不住的問題，就是要「不齒下問」，要「問道於青少年」。

相信我，多多學習的好處很多，不只有利於親子關係，而且能讓自己開竅，拓寬自己的生命經驗及視野。想讓自己可以跟得上時代的腳步，就是學習和國高中的青少年孩子一起玩。

我問B，他原來和C不認識，怎麼才一起來美國參加夏令營，就可以相處得那麼好。他的答案是「遊戲」。一起玩遊戲，讓兩個原來陌生的少年，很快就變成好朋友了。他們一起玩線上遊戲、拉密數字遊戲，以及聊天、說相聲。

參與青少年，是父母可以做，也是需要做的。如果孩子愛釣魚，那麼，就陪孩子釣魚去。孩子愛爬山，就陪孩子爬山去。也許，你要說，我忙工作忙到連睡覺的時間都沒有，哪有時間陪孩子一起玩，參與孩子的活動？我了解你的困境。

生命是一種選擇。孩子的成長很快，在他們最需要父母，也是他們生命最艱難，最想要長大獨立和自我認同的時刻，父母的參與，不能少。你可以選擇讓自己的事業更成功，更富裕，但是，這樣的你可能花再多的錢，都買不回失去靈魂、沒有人生方向的孩子。

找出孩子愛做的，找出專屬於孩子的「愛之語」，就是打開孩子心扉的那把鑰匙。**參與孩子，絕對錯不了，請相信我**。

06 先當朋友，才當父母

尋求獨立和自我認同，加上青春期生理上（如月經）的發展，這三個問題攪和在同一時期發生，讓青少年有如颱風加上地震，不穩定性很高。

從十三歲開始，往後約莫八年間，青少年隨時都在變。**而他們最大的不變，就是變**。他們變化多端，讓父母很難掌握。

這也正是青少年尋求獨立和自我認同所訴求的——不要父母掌握他們。所以，他們天天投出不同的變化球，有如孫悟空玩把戲，把父母搞得一頭霧水，說不定還七竅生煙。這是青少年要趁機遠離父母，達到獨立和自我認同的手段。

因此，對國高中生來說，朋友比父母重要。青少年在做決定時，尤其聽從朋友的話比聽父母的話多。**他們的心裡話，願意對朋友說，卻不讓父母知道**。

當青少年發生事情時，往往他們的朋友通通都知道了，唯有爸爸媽媽還被蒙在鼓裡，例如懷孕、休學或……。

也許，當爸爸媽媽的人聽到這樣的話，很傷心，但這是生命的必然過程。

青少年願意將心底話或他們的困難告訴朋友，而不願意讓父母知道，最重要的原因是，朋友「傾聽」他們。

我就發現，當我帶A、B、C去爬山時，一路上，三位少年參與其中一位少年的「少年維特的煩惱」，抽絲剝繭，要湊成一個完整的故事。

少年們除了彼此傾聽同儕的心底話，還加入了想法，讓整個「少年維特的煩惱」從愛情故事，混入了偵探故事，讓故事的主人翁有一個梗概之餘，還獲得友情的認同與支持。

他們樂於投入那樣的分享。因為他們把自己放在當事人身上，猶如穿著當事人的鞋子，很能體會當事人的煩惱。他們又能從那煩惱中，找到樂趣。

幾個小時的爬山過程，少年們又是當事人，又是偵探，還是編劇，那兒沒有嚴肅。那樣的「**麻吉**」，你如果是當事人，是不是覺得你的朋友非常了解你呢？

你知道嗎？「麻吉」是Match的音譯，英語原意是指很合適，很匹配的意思。「麻吉」衍生出的意義，就是指彼此相處和諧，是非常友好的關係。

因為朋友了解自己，所以，青少年發生困難時，首先考慮的是，走向朋友，尋求意見或解決。而非向父母尋求協助。

青少年的現象之一，是他們和小朋友不同。小學時，父母說是，他們就說是。那是只有黑白的歲月，而青少年則完全不同，他們質疑更多，他們的困惑也更多，因為他們的智力正在往上發展。

因此，父母要從教養的「神壇」上走下來，從教養小朋友，給予小朋友指令的「權威」神壇上，走入民間，走入「民主」的時代。凡事都要徵得他們的同意，並和你家的青少年做朋友。

當父母的人，不再「說了算」。孩子上了國中後，就是另一段分水嶺。他們不再是小朋友，不再是兒童，而是「青少年」。

青少年既不是兒童，也不是大人（當然，他們總是自認為自己已經夠大了）。他們是三明治，是夾在兒童和大人之間，他們正在尋找他們人生的方向，他們要摸索，要冒險，也要踩地雷。

最適宜的教養青少年，就是走入民主，讓親子之間的關係，逐漸「平等」。「平等」在這裡的意思是：**將他們當成大人看待**。既然是當大人看待，當然不能罵他們，指責他們，也不能對他們發號施令。

而平等，也就是「朋友時代」的開始。

做朋友，就從一起玩開始。一起玩，才能了解他們更多，也能讓彼此關係變得平等。現在，青少年會玩的把戲，可能比父母還多還複雜，所以，父母甚至得以自己家的青少年為師。

做朋友，就是教養「事半功倍」的方式，是撿便宜，挑簡單的路走。不和你家的國高中生做朋友，你就是選擇走困難的路，基本上，你對孩子的教養，就是「事倍功半」，吃力不討好。

07 投其所好

和孩子一起玩，就有共同的話題和經驗，例如，一起打籃球的經驗，就可以變成彼此間的話題，談NBA球星的生涯、談NBA球星的收入、談NBA球星的個性、談如何打入NBA。

如果你不懂NBA的球星，那有什麼關係呢？你就傾聽青少年，他們的NBA常識會比你更廣博，而且，他們Update（更新資訊）得很快。他們會上維基百科（Wikipedia）查詢，他們可能還上各個相關網站，甚至買書來讀。

交朋友，一定要**投其所好**，這樣話才投機，才有成為朋友的可能。有道是，「道不同，不相為謀」。又說，「話不投機，半句多」。想想，那真是有道理啊！

其次，交朋友也一定要**誠懇**，要以誠對待，不能耍心機，也不能高高在上。要**同理對方**，要站在對方的立場去思考。

最後，交朋友要有**耐心**。在耐心之前，還要先**尋找時機**。找對時機交朋友，也非常的重要。

當我從亞特蘭大機場接到三位青少年前，我就想，雖然我在臺灣時和他們見過一次面，也訪談過他們，但彼此之間沒有相處，基本上還是陌生的關係，互相都不了解。那麼，我該如何「破冰」呢？

在知道A、B、C三位青少年都是亞特蘭大「勇士隊」（Atlanta Braves，是位於喬治亞州亞特蘭大的一支美國職棒大聯盟球隊）的粉絲後，我就構想，一下飛機，就帶他們到「勇士隊」位於亞特蘭大城裡的家——「透納棒球場」（Turner Field）去參觀。

當然，我也猜得到他們在將近20個小時的航行後，一定疲憊不堪。何況，這個年紀的孩子，在沒有父母陪同下搭飛機，自制能力一定降低到冰點；再說，飛機上提供了那麼多具有吸引力的遊戲和電影，他們怎麼可能捨得睡覺呢！

如我所料，由於三位青少年全部航程幾乎都在玩遊戲或看電影，少睡，甚至完全沒有睡覺，所以，一見到人，果然個個臉上都掛著疲累的神采。但你也知道，當青少年面對他們粉絲的家時，他們的意志力可是會撐下去的。

他們很訝異，我居然帶他們到亞特蘭大「勇士隊」的家。

他們開始在亞特蘭大「勇士隊」的家，東看西瞧，還在牆壁的球場位置上指指點點，那個位置一張票要多少錢？那個季節的價錢最貴？……

他們甚至討論，是不是要找個時間到亞特蘭大的「透納棒球場」去看一場球賽？他們在那些比賽場次上，還用心的計算和討論。

雖然他們的身心都因長途飛行而勞累，但卻沒有催促著要離開，要轉移到下一個行動。這和要他們上補習班或做功課時，是不是完全兩個樣呢？

這就是國高中生，這就是青少年。

由此可知，**投其所好，和他們一起玩，成為他們的朋友，你才有比較多的機會實踐當父母的天職。**

當你成為國高中生孩子的朋友，他們有問題時才會對你說，你們也才有更多機會一起解決問題，甚至，藉由問題而教孩子如何解決問題，如何面對問題。和你家的國高中生做朋友，當父母的人，比較容易了解你家的少年少女在想什麼，在愛什麼，在煩惱什麼，在在乎什麼，至少，他們對父母的門縫會打開一點點。而做朋友，放下身段很重要，當然還要釋出善意！

先當朋友，才當父母，這樣的改變，也許有些父母不以為然。可能他們認為父母就是父母，父母是不可能當孩子的朋友。但當孩子成為青少年後，他們的行為思想以朋友為依歸時，先當青少年的朋友，才當父母，我個人覺得這是明智之舉。

什麼樣的方法行得通，就採取那個方法。就像鄧小平當年在要發展中國的經濟時，他採取的方法是，「不管是黑貓白貓，能抓老鼠的就是好貓」。

當青少年的朋友，就是「能抓老鼠的好貓」，你認為呢？

我家的天使到哪去了？

有一天，在我臺北的家附近的一個照相館，有一位四十來歲的女人，氣憤難平的對我說：「我那讀高中的兒子對他的爸爸說，『你沒有權力趕我走。趕我走，你就犯法，你知不知道！』」

那個女人愁眉苦臉的告訴我，她和丈夫都搞不定他們的兒子。

「學校發給每個學生一部平版電腦帶回家使用。他鎖碼，不讓我們知道他在網路上幹什麼。而我們知道，他在那上頭看色情……。」

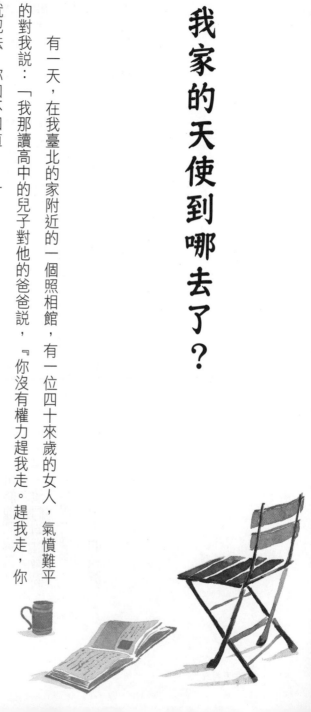

「他還要求，而且幾乎是勒索命令的口氣，要我們立刻給他買智慧型手機，說他的同學們誰不用智慧型手機？說我們害他等公車那麼久，若是有智慧型手機，他就知道公車幾時會來，而不必在公車站久久等候！」

原來，不是智慧型手機，臺灣青春期的孩子還不屑用啊。這也難怪，我朋友笑稱我在臺灣使用的是「智障型手機」，連拍照上網都不行，只能打電話、傳簡訊。

稍微停頓一下，她深深地嘆口氣，說：「**以前他不是那樣的**。小時候，他是那麼可愛、聽話、貼心。上了國中後，完全變了樣⋯⋯。我們辛苦工作，供給他所需的一切，不但沒得到回報，和他反而像是兩個國家的人。我們不懂他在想什麼，他怎麼會變得那麼不可理喻又自私，脾氣還那麼拗，難怪他爸氣到要趕走他。」

你知道嗎？這位媽媽不是唯一陷入困境的人。**搞不定家裡的青少年，是極其普遍的事情**，不論你擁有的學歷是什麼，博士也好，碩士也罷，大學學歷或沒上過大學都差不多，只要家有青少年，父母幾乎都要走在冰塊上，真的是「如履薄冰」，既怕自己摔倒，又怕踩碎了那層薄薄的冰。

而你家的青少年，就是那個「薄冰」，很脆弱，很敏感，卻能叫你摔個四腳朝天，甚至會讓你折斷脊椎骨。

你氣不過，和你家的青少年理論，他們一甩，不是躲到他的房間去，就是出門了，留你一個人乾跺腳，還擔心他外出是否安全。

你說，這天下哪有理啊！

「當然沒理啊！」這是你的答案。

01 趕緊買個血壓計

家中如果有青少年，我建議你，趕緊買一個血壓計，最好是電子式的，插電後，只要把手伸進那個充氣環裡，幾秒鐘之內，你就可以知道，你的血壓，因為你家的青少年，飆高了。

這代表的是什麼？這件事正危急你的健康！

每次生氣，就量一下血壓。血壓，是會說話的。電子血壓計使用方便，隨時都可以派上用場。而你，一天可能要使用好幾次。

血壓計是很誠實的好朋友，它不會騙你，也不會察言觀色，只會老老實實的報告你的血壓現況。如果你搞不清楚，究竟收縮壓和舒張壓要多少，才算正常，這也沒關係。現在的血壓計的右下方，通常會隨著你的血壓上升下降，而註明「OK」。這兩個英文字母的意思，就是沒關係。若不是這樣，你要小心就是。

血壓計同時有測量心跳速度的功能。你知道的，人在激情時，在憤怒時，或在運動中，心跳速度會加快。因此，如果血壓是因為心情的影響而上升，心跳自然也會陪著跳舞。

所以，為了你的生命安全，要趕緊踩煞車。把自己冷靜下來。

血壓計的最大作用是保護你的健康。但更大的效用是，要你冷靜下來。

冷靜，是家有青少年的父母，一定要學習的生存本事。

要怎麼冷靜呢？最簡單的是和自己對話。

「有什麼事情需要生這麼大的氣嗎？」

「為什麼會是那樣的結果呢？」

「有沒有什麼解決的方法？」

再捫心自問，「自己在孩子那個年紀時，是不是也如此的對待父母」。也許，這會讓你啞然失笑，血壓因而下降。

或者是離開現場，散步去。你可以對家人說，你現在心情不好，需要平靜一下。出外散步會讓你的心境開闊。

沖個冷水澡也不錯。冷水會澆熄你心中正在竄升的怒氣，「氣」會隨著水的冰涼程度而逐漸消失。

如果你家陽臺有種花，可以澆花。就算你常生氣，把花澆死了，也總比逼死你自己或你家的青少年還經濟實惠。

02 買本「教養青少年」的書

其次，你得趕緊買本「教養青少年」的書來讀。

你說，你的爸媽教養你時沒那麼困難，怎麼你用同樣的方法，就不管用了。

我只能說，時代變化太快，也太複雜了。青少年的問題其實沒那麼簡單，又豈是一下子就能說清楚，講明白的呢！

我家接待過不少青少年，國內國外都有。我觀察到，雖然青少年存在共同的現象，但每幾年就是一個「代」。而且，代代有別，還不分國內國外。

因此，你以前在學校學的那一套，不管用了。除非你，回到學校繼續求學。

啊，就買一本教養青少年的書吧！買書，不但可以解決你的問題，還可以當模範，至少，能讓你家的青少年看到你在「讀書」。

如果你說捨不得（花錢）買書，我不得不點醒你，你身處的臺灣，書是很便宜的，可以很輕鬆的買。在美國，一本普通的書少說就六七百臺幣起跳，而我在美國念大學時買的教科書更貴，一本人家用過的二手書，花幾千元臺幣買，才用一學期，還是省不得。更何況，書是你最好的朋友哩。

想想看，給孩子的智慧型手機多少錢？最便宜的，至少也要五千元臺幣。一臺iPad要花多少錢？大概也要兩萬元臺幣左右吧。穿在孩子腳上那雙Adidas或Nike運動鞋要多少錢？三兩千元臺幣起跳。補習班，才藝班要多少錢？這可是無底洞，看你給孩子補的是什麼，是補單科，還是補全科。是普通補，還是貴族補。保證班費用另外計算，這是有差別的。

這些錢，你花的時候，連眉頭都沒皺一下，就掏腰包付了。為什麼？答案通常只有一個，「為了孩子好」。或許，更具體的解釋是，「為了取悅孩子」。

為了取悅孩子也好，為了孩子好也罷，你都做（花）了，為什麼你不取悅自己，不對自己好？何況，**買教養青少年的書，也是為了孩子好啊！**

03 調整你的優先順序

家有青少年，通常代表的是，你在社會的地位可能穩了，你的事業正在中高點上，只要再往前衝，你就可以得到更多的榮耀、地位和財富。

也可能，你正在更年期時刻，身心震盪，讓你失眠、焦慮、憂心重重。

更有可能，結婚十幾二十年了，你的婚姻正在搖搖欲墜。事業家庭兩頭燒之際，偏偏還有長輩生病或老了，需要照顧。一切的一切把你燒個寸骨不留。

反正，**不管你的處境如何，調整你的優先順序，是迫不及待的**。因為，你現在面對的是，在教養路上，最艱困的那段路。

一般臺灣人會告訴你，正確的順序是「優先照顧長輩」。我也是臺灣人，但我說的是，**青少年優先**。

我的理由是，他們是國家未來的棟梁，沒有教好他們，臺灣的未來岌岌可危。

而且，將來你會老得很淒涼，你不但得不到他們的照顧，可能他們還反過來啃老，把你啃到連呼吸都困難。更心碎的是，他們不獨立，生存困難，還可能成為社會的寄生蟲，讓你死不瞑目。

教養青少年的路又峻又陡，還荊棘滿布。當你走的氣喘吁吁，雙腿幾乎發軟，還要不時注意，是否被荊棘割到刺到。不巧，旁邊竟是懸崖，很深的谷底，一不小心就要摔下去。懸崖太深，你不敢看。可你也不能閉著眼睛前進吧。

就在你徬徨無助，進退兩難，以為走不出去了，要絕望了，忽然你看見一道曙光乍隱乍現。你的心頭，像打了一劑強心針，你告訴自己，「我看到希望了」。

這一仗很難打，也很挑戰，但同時很刺激。

這樣，你知道了。這場戰爭，最重要的是，爭取「**雙贏**」。**你家的青少年贏**，**你也才能贏**。如果你家的青少年贏，你輸了，這場仗是輸的。若你贏了這場仗，你家青少年是輸的，這場仗也還是輸的。

記得，雙贏，才是這場仗真正的勝利。

這一場仗，至少要打個六年，甚至更久。八年抗戰，算是小兒科的。

既然這場仗這麼難打，你當然要全神貫注，把更多時間，用在和青少年相處上，而且，要很有品質的相處。還要把溝通的門打開，完全的打開才行。

既然是長期抗戰，你怎能不以青少年為優先呢？

04 進修去吧

過時的知識無用了，回學校進修，或者上一些關於教養的課程，對你搞定你家的青少年，可以及時的派上用場。

政府提供的「親子教養」課程不少，還有演講，都值得父母抽出時間，去聽聽專家怎麼說，有什麼是自己不知道的。

不只是教養的課程，關於「大腦」的課程，最好也讀一讀，尤其是洪蘭教授的著作或翻譯，會幫助你解答一些關於腦神經的問題，那是你家青少年的大腦現在正在發酵的部分。

05 尋求專業協助

若在你竭盡所能的付出，配合，妥協了，甚至將死（P.172），還是不管用，此時，你需要的是「專業的協助」。

誰是「專業的協助」？

就是**青少年門診、精神科醫師、青少年心理諮商師**，甚至宗教，那兒有青少年團契，有專人在引導。

我不是開玩笑。尋找專業的協助，至少，他們可以讓你有個臂膀靠一靠，聽你抱怨，給你方法，或指引一個方向。

你知道嗎？你是站在歷史上，最難教養青少年的時代。我個人認為，這是有史以來，最難當父母的一代，因為你面對的是，時代最複雜，科技最尖端，最心力交瘁的青少年的教養時代。

我敢斷定，多數青少年的父母的科技能力都遜於青少年。你要知道，你的出生年代和青少年不同，他們一出生，就是科技。科技，是他們沒有血脈關係的基因。

你看，有多少的父母都承認，他家那只有二、三歲大的孩子，使用起iPhone比父母都厲害。沒有人教，小小孩的手指摸一摸，滑一滑，就會了。而你，要看說明書，要人家教，還學得氣喘吁吁。

會有如此大的落差，不是你笨，而是你與青少年的出生年代不同，年代的基因使得他們瞄一下iPhone、iPad、平板等科技產品，就知道是怎麼一回事了。而父母花很多時間去學習，卻仍然落在青少年的後面。

「騙肖耶，搞定青少年，哪有那麼困難或嚴重？」

「我一年搞幾百億元預算都輕而易舉了，搞個青少年還得專業協助？」

也許你不信。就算你能搞定整個軍隊，你還是搞不來你家的青少年。

你會問：「為什麼？」

答案只有一個，因為他是青少年。更重要的是，「他是你家的青少年」。

都是5%惹的禍!?

讀了這一個章節，至少，可以降低你的血壓，讓你不至於太為你家的青少年抓狂。你知道高血壓是很麻煩的事情，它的後遺症很多，嚴重者，甚至腦中風。

不用藥物，就可以降低血壓，就是這一章節的功能。

當你知道原因後，你會釋懷一些。這樣你就能降低血壓，也能平心靜氣的做全盤的思考，擬定你的策略。

這一個章節，除了降低血壓，也幫助你了解你家青少年，他們是有不得不如此的必然因素。當然，還很有可能修補親子之間的裂痕。

因此，**請不要跳過這一章節**。

讓我們一起來看看，為什麼青少年如此的「不可理喻」。

你發現沒？嬰兒一出生，沒有人教，餓了，就會吃。痛了，就會哭。那是生下來時，頭腦就已經發展的部分。

接下來，孩子的大腦有95％在5歲左右就會發展完成。剩下的那5％，也是最高難度，最重要的5％，是在青少年時期開始發展，直到20歲才完成。

所以，青少年愛冒險，愛挑戰，愛衝撞，愛重複犯錯，不會內省，無視於他人的存在，總是說：「只要我喜歡，有什麼不可以！」

甚至，覺得「千錯萬錯，都是爸爸媽媽老師的錯」，就不是自己的錯。

01 神經少了一條

1991年，美國國家精神衛生研究所（National Institute of Mental Health）的兒童心理部門頭腦影像中心的負責人——蓋得醫學博士（Jay Giedd），開始為兒童的頭腦照相。他很好奇為什麼兒童的行為是那麼的不可捉摸，後來他還與同事合作，和其他大學聯合研究，利用磁振造影（MRI）掃瞄3～18歲的一千個正常孩子的頭腦達四年之久。這一千個孩子中，還包括他的兩個孩子。

A．少的那條線：胼胝體

這個研究推翻了「人腦在五歲就發展完成了」的既定說法。蓋得醫學博士發現，其實人腦是到二十歲才發展完成的。

這個部分就是「胼胝體」（Corpus Callosum）。

「胼胝體」是什麼東西？這個中文詞彙，很少在書裡和報紙出現，陌生到怎麼發音都是個問題，那怎麼會具關鍵性作用呢？

胼胝（ㄆㄧㄢˊ ㄓ）體是聯絡兩邊頭腦半球各個對應的皮質區，負責連結所有腦部功能的神經，讓人可以做對的決定，包括智能、意識、自我察覺等。

這代表的就是，青少年頭腦少的那條線——胼胝體，還沒有發展完成。

B・少的那部分：前額葉皮質

後來，蓋得醫學博士和他的團隊又發現了，頭腦裡有一個叫做「前額葉皮質」（Prefrontal cortex）的部分，要在12～20歲才成熟。

「前額葉皮質」究竟又是什麼東西呢？

那是人的頭腦裡掌控最複雜能力的部位，如情緒控制、衝動抑制，還有理性的部分，如做決定的能力等。

大人擁有這部分的能力，是因為前額葉皮質發展完成了，而青少年還沒有前額葉皮質這個偉大的禮物。

沒有前額葉皮質，人類偉大的文明就難以發展。

C．少的另一個部分：邊緣系統

另外，美國麻州的馬克林醫院（McLean Hospital），有一個神經心理學的專家叫做拓得（Dr. Deborah Yurgelun-Todd）。他和蓋得醫學博士合作，也是用磁振造影在同一個時期做研究。

他發現了成人的腦部有兩個部位合作，就是「前額葉皮質」和「邊緣系統」（Limbic System）。透過這兩個部位的攝影，可以知道成人在面對害怕時，所展現出來的是擁有對害怕恐懼的控制能力。但相同狀況之下，青少年的頭腦裡，這兩個部位並沒有一起合作，前額葉皮質沒有反應。

「邊緣系統」又是什麼東西呢？

邊緣系統是「情緒中心」。當邊緣系統環繞時，前額葉皮質就會處理邊緣系統裡的情緒反應，包括恐懼和憤怒。

D．少「髓磷脂」

後來，還有研究指出，青少年的「髓磷脂」（M yelin）比大人還少。

「髓磷脂」到底是什麼東西啊？

髓磷脂，另一個名稱為「大腦白質」（White Matter），那是包圍在神經線外的脂肪層，也是神經的絕緣體。這個神經的絕緣體會通往前額葉皮質，這是人產生「內省」想法的部分。

很巧，髓磷脂也要在20歲才發展完成。這就是為什麼青少年總是讓人感覺比較自私，只考慮自己的需求的原因。

02 別緊張

所以囉，按照數學方程式：A＋B＋C＋D＝X。

這個X就是青少年行為難以捉摸的原因。也就很明顯看出來，幾乎都是大腦還沒有發展完全的關係。

明白了這個方程式，你就會恍然大悟了。不是你家的青少年特別難纏，而是大腦的那5％在作怪。

這就是為什麼青少年不宜抽菸、喝酒、吸毒（這意思不是說大人做就沒關係）的原因，當大腦還沒有完全發展好，抽菸、喝酒、吸毒帶來的傷害，會比大人更深更嚴重，也更容易上癮。

這也是為什麼美國原本准許滿18歲就可以喝酒，後來修改法令，變成21歲才能喝酒。理由很簡單，因為人的大腦發展要直到20歲左右才全面完成之故。

你還會發覺，你家的青少年老是愛晚睡晚起，你對他說了，「早睡早起身體好」，他嗤之以鼻。啊，不是你家的青少年愛和你做對，實在是他的生理時鐘（**Circadian Rhythms**）也因青春期而改變。這都是受到大腦的影響所致。

幸而，蓋得醫學博士說：「大腦主要是為我們的社交互動，和與身邊關愛我們的人緊密聯繫而設的。不要以為這是老生常談，儘管有日新月異的科學和技術，今天我們能夠給家長最好的忠告，還是和幾十年前老人家所說的一樣，『**為孩子付出多一點時間、多一點愛**』。」

而且，「大腦是不用就會廢棄的」（**Use It or Lose It**）。大腦愈磨愈光，也就愈大，如果不磨，大腦就會愈縮愈小。這也是父母可以琢磨使力青少年的地方。磨你家青少年頭腦時，你也同時在磨你自己的頭腦。所以，接受最嚴苛的挑戰吧！

但願，在讀了這一個章節後，因為明白了你家青少年的頭腦正在發展中，你的血壓會因此而下降了。

二個世界

在讀了〈都是5%惹的禍〉（P.68）後，你對青少年的了解多了一些。現在，你也該更進一步的前往他們的真實世界。如果兩腳同時踏進去有困難，那麼，你可以把一隻腳跨進去，另一隻腳先留在外面。

現在的青少年，比以前任何年代的青少年更幸福，但也更辛苦。幸福的是，他們擁有非常好的物質生活，過得也文明些。辛苦的是，他們沒有機會看到父母流汗，無從體會父母的辛勞，缺乏生命真體驗。

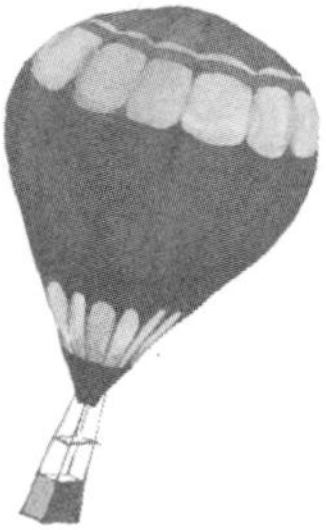

青少年是活在二個世界的人。一個是虛擬的世界，一個是真實的世界。

一切的一切，都在彈指神功之間。一根指頭，就可以飛天遁地，上山下海，整個世界濃縮在一根指頭上。

以前的父母在教養孩子時，總要擔心孩子看電視看太多。現在，你不必擔心孩子愛看電視了。

如今，新世代的青少年會說，「看電視那種事，是你們老人家愛做的事，我們才不愛看電視哩」。

和電視相比，網路更叫青少年著迷。網路上可以玩的事情可多呢！看電視是被動的，坐在那兒不動，兩個眼睛瞪著螢幕，缺乏參與感。相反地，網路，只要手指動一動，就把世界抓在自己的手中。

還有，網路不只可以玩遊戲，還可以交朋友，可以買東西。好像，網路上要做什麼都可以，你不相信嗎？

擁有不少青少年粉絲的加拿大少年歌手賈斯汀・比伯（Justin Bieber），在青少年時期，就把自己唱歌的影片上傳到Youtube，因而受到賞識，獲得唱片合約，就這樣出道了。

現在，他不只是暢銷的少年歌手，還是少男少女殺手哩！他的粉絲，不只在美國和加拿大，而是遍布全球各地，包括臺灣。

01 虛擬的世界（On line）

在虛擬化的世界裡，什麼都不是真的。那種不真，對青少年來說，卻比真實更真，你說怎麼辦？老實說，我真不喜歡青少年將所有的時間花在網路遊戲上，或在臉書或在通訊聊天軟體，我也不願意看到他們一張開眼睛，就是網路，直到上床的前一刻，還是網路。

有一封我朋友轉來的電子信，主題叫「新世代」（New Generation）。裡頭是某對父女信件往返的內容。

看了之後，有沒有這種體會？如果這個爸爸不懂電腦，不上網，也不知社交軟體、拍賣網站，心臟又不夠強的話，哪能寫出這樣幽默，又能和孩子互動的信。

這封信的確顯得誇張些，但也離事實不遠。這只是說明了，**現代的青少年活在虛擬的世界太久，無形中，他們也把自己虛擬化了。**

女兒寫給爸爸的信是這樣寫的。

Dad, I'm in love with a boy who is far away from me. I am in Australiaand he lives in the UK. We met on a dating website, became friends on **Facebook**, had long chats on **Whatsapp**, he roposed to me on **Skype** and now we've had 2 months of relationship through **Viber**. Dad, I need your blessings and good wishes.

「爸爸，我愛上了一位住很遠的男孩。我住在澳洲，他住在英國。我們是在一個約會網站相遇，然後成為**Facebook**（臉書）上的朋友。我們在**Whatsapp**（通訊軟體）聊天，他在**Skype**（免費的語音視訊通話程式）上向我求婚。如今，我們已經在**Viber**（社交網站）同居兩個月了。爸爸，我需要你的祝福和祈禱。」

爸爸的回信是這樣的。

Wow! Really!! Then get married on **Twitter**, have fun on **Tango**, buy your kids on **Amazon** and send them through **Paypal**. And if you are fed up with your husband...... sell him on **ebay**.

「哇，真的啊！那麼你們就在**Twitter**（社交網站）結婚，然後在**Tango**（社交網站）盡情的玩吧。在**Amazon**（購物網站）上買孩子，再透過**Paypal**（線上交易支付平臺）付款運送。最後，如果你不喜歡你的丈夫了，就在**eBay**（拍賣網站）上賣掉他吧！」

02 和網路妥協

畢竟，我們所處的是一個真實的世界，不是虛擬的世界。

不可否認的是，**網路很容易讓人上癮**，包括我自己。我不太喜歡看電視，但卻非常喜歡上網。

如果沒有限制自己，我可以從起床一睜開眼睛開始，到爬上床就寢的前一刻，都盯在電腦網路上。我克制自己不上網的方式，就是家裡沒有裝設網路。當我需要用到網路時，我得走路到家裡附近的公共圖書館。我的手機也沒有網路。我用這樣的不方便，來減少我上網的時間。

我是個大人了，都得如此費盡心思，用不方便來控制自己，你說，沒有控制力的青少年，若逮到機會，怎麼可能願意下線呢？

這是一個網路無國界的時代。網路，讓這個世界變平等了，富國窮國，都因網路而改變了。要什麼，Google一下就行了。這就是我喜歡上網的其中一個原因。

我在美國讀大學時，很多的功課和報告都要上網搜尋資料。網路，無奇不有，多吸引人啊！

網路固然有其壞處，但好處也不少。

例如，賈斯汀就善用YouTube（一個分享影音的網站，使用者可以藉此上傳、收看或收聽、分享影片或音樂），來為自己開創了一個非常光明的前程和事業。因故出名，他還寫了幾本書。一個來自貧窮環境的單親小孩，媽媽整天為生活奔波，而他因為從小愛玩樂器，自學樂器又愛唱歌的少年，在家百無聊賴，就把自己唱的歌錄下來，上傳到YouTube。

若是沒有網路，沒有YouTube，就沒有賈斯汀。

因此，若懂得控制自己，那麼，善用網路的好處將多於壞處。

而目前的青少年出生、成長在網路時代，屬於N世代（Net Generation），父母無法禁止他們上網，正確的說，也禁不了。而關心你家的青少年，**你需要知道，他上的是什麼網站，玩的是什麼遊戲**。

有些網站，是一夜情的出發點。青少年愛冒險愛刺激，但卻分辨不出好壞。一夜情，可以說有「致命」的吸引力。經常伴隨著危險而來，可能是性病和懷孕，以及偏差的行為。

有些網站，讓孩子迅速上癮。所謂的上癮，是一進去，就出不來。因為孩子的大腦還沒成長到有克制自己行為的能力，因而容易陷入其中。

所以，多和你家的青少年聊聊網站，透過聊天，可以知道孩子上了哪些網站。何況，現在的青少年，幾乎是什麼都上傳到臉書或其他社交網站。什麼芝麻蒜皮的照片，都要上傳。什麼微不足道的動態，都要分享。所以，一句英文這樣說的：***SELF***（表示「自己」），由Showcase Every Little Fact濃縮而成。意思是「展現每一個小細節」）***About Me***。你說傳不傳神？

由此可以知道，網路已經不只有電腦安全和隱私的問題了，實際上，網路已經造成心理問題了。

在網路上待太久了，青少年會脫離真實世界，與人隔離，沉浸在一個虛擬的世界太深，憂鬱、躁鬱，很多病症也就找上門。終究，不是件好事。

也就是這樣，看好你家的青少年在上什麼網站，在網站上做什麼，很重要。但我的意思**不是要你去控制你家的青少年，我只是提醒你：要注意！**

當然，當父母的你，不能以「我不懂電腦，我不懂網路」為理由，撇清你的責任。就算笨手笨腳，也得張開你的眼睛，打開你的靈魂，看看孩子為何這麼著迷。

記住，你的責任是保護孩子安全的長大。所以，知道孩子上什麼網很重要，了解孩子花多少時間在網上也不能忽略。**限制孩子上網的時間，更是父母不能妥協的首要任務。**

既然，青少年是在「網路時代」出生，屬於「網路族」，那麼他們的一切，可能都是虛擬的。

在網路上，孩子可能是一個社交能力很強的人，結交的朋友很多，有幾百幾千個朋友；但下了線，回到「真實世界」，孩子可能是一個害羞，或是某種自閉程度的人，甚至缺乏社交能力，連一個朋友都沒有。

03 真實的世界（Off line）

在「真實世界」裡，他們和人的距離，愈來愈遠了。他們有可能不知道如何和人相處，不懂人情世故，也不懂遇難時，如何向外求救。這樣一虛一實，讓他們很迷惑，有時候因應不過來，不知所措。貼近的說，他們受到的衝擊很大。

在網路世界裡，殺人沒有痛，愛怎麼殺都行。人死了，可能複製一個，又再生了。但在真實世界裡，殺人可嚴重了，生命一去不復返。

該如何協助青少年「辨別虛實」呢？

多一點家庭時間，多一點家庭活動，多和孩子在一起，並讓孩子參與各種各樣的活動，尤其是可以帶著孩子當義工（或志工），讓孩子看看人間疾苦，產生多一點對人的感覺，總是好的。

例如，我帶A、B、C三位少年到一個莊園拔草當義工。透過當義工，青少年和園主認識，園主和他們聊天，社交能力自然在那兒。而園主也教大家認識他家莊園裡的植物，貼近自然，除了拔草，也協助移植莊園的植物。藉著做義工讓孩子懂得奉獻，體會生命（**植物也有生命**）。

當義工是付出，也是收穫，這正是蓋瑞・巧門博士「愛之語」的其中一項——**行動服務**（Acts of Service）。這是孩子為他人的服務，藉著服務，孩子學習了不同的能力，如拔草、辨別植物中雜草和花的差別。

賦予孩子責任，並讓他們從責任中，得到生活的經驗，和學習為人服務，例如洗碗盤、學做菜、為自己準備便當、洗衣服、打掃家裡。天天做，做中學，孩子也感受到了真實生活的一面。**「家務」是孩子學習負責任的開始。**

我說過，青少年要的是獨立和自我認同，**而獨立和責任就像是雙胞胎。多少的獨立（自由度），就有多少的責任。**

要不然，有一天，孩子以為，碗盤都是自己會清洗乾淨的，菜會自己做好上桌的，浴缸永遠都是潔白光亮的，那就完蛋了。

當A、B、C這三位臺灣少年剛到我家時，吃過晚餐，他們把用過的碗盤擱在桌上，一溜煙就不見人影。

我讓他們原形畢露兩天，就對他們說：「美國的青少年吃完飯，不能將碗盤放在桌上就走。他們得洗碗盤，得收拾餐桌。」

他們都是絕頂聰明的青少年，立刻懂了，也開始洗碗。然而，他們洗碗的方式是每個人洗自己用的碗盤。

看到那樣的情況，我又告訴他們：「如果採取合作洗碗的方式，會更有趣，也更經濟實惠，用的洗碗精少一些，對健康更好。」

他們同意我的說法，於是，我教他們美國人洗碗盤的方式，就是將所有的碗盤先用熱水沖掉食物殘渣，再用熱水泡的洗碗精清洗，最後用熱水沖洗乾淨。

那樣聰明的青少年一教就會。他們開始輪流洗碗盤。這就是讓他們回到「真實人生」，而洗碗盤就是真實生活的機會。**給予機會，青少年會成長的更好**。

教養青少年需要教他們生活上的能力，教他們在得到和給予之間，如何取得平衡。服務人家是給予，是奉獻。如果青少年沒有機會為家人服務，也沒有機會為他人服務，那麼，青少年的成長是受到侷限的。

當父母的人，要培養一個自我肯定，有自信心的孩子，就是**要讓他們透過「服務」來對自己感到肯定**。洗碗盤，就是一種自我肯定。汗，是不會白流的，碗，也是不會白洗的。

少年當然不想花時間去拔草，去洗碗，但那些都是生命經驗之一，是真實世界。在真實世界裡流汗，總比抱著iPad一直玩遊戲還好，何況長時間盯著平版電腦，視力衰退快速，靈魂之窗受損，頸椎也僵硬，很可惜呢！

父母對青少年的責任

雖然大腦主掌了青少年的行為發展，但一如蓋得醫學博士說的，人還是人，父母對子女的付出、關愛和時間，是青少年能否成為茁壯健康的大人的關鍵。

在知道孩子生長在網路的世代裡，父母就得了解，自己的責任是相當具有挑戰性的，這要超越自己的過去才行。

那麼，究竟父母對孩子有什麼責任呢？

還記得那位高中生對他的爸爸說，「你沒有權力趕我走」嗎？（P.54）

01 一個有屋頂的家

沒錯，所有的父母，在孩子還沒有成年前，都有義務提供孩子一個有屋頂的地方。那個空間，比房子多一點，還包括安全及舒適，我們稱為「**家**」。

家，應該先有房子，及屬於孩子個人的房間。若空間不足，至少是孩子和手足們共同的房間。例如上下鋪，或者兩個單人床。

家，除了房子本身，還包括家人和愛。孩子可以回家，而家是溫暖的地方。那兒提供了一切孩子最基本的需求，**愛、關心、協助，及隨時可以說話的對象**。

這個家，不需要有昂貴的陳設或裝潢，但需要有讓孩子可以安心追求自己將來的書桌，和給予溫飽的餐桌，還得有一個孩子可以哭泣的角落，或者只想一個人安靜一下的地方。

02 保護孩子的安全

從孩子出生，我們就保護他們的安全，例如，要他們遠離會燒燙的物品，像是高湯或火源，使他們不燙傷。那是讓身體這部分不受傷害，保護孩子的肢體安全。

除了身體，我們也保護了孩子心理上的健康。包括我們小心翼翼的不讓孩子閱讀有害的書刊，或看暴力骯髒下流的影片。

在社交網絡中，我們得讓孩子跟著父母參與各種的社交活動，讓孩子學習與人的相處交往。

這樣，**從最基本的「身體」，延伸到「心理」及「社會」三個層面的安全**。這是為人父母提供給孩子最根本的保護，就是安全。

03 養孩子

養，就是養育。養什麼呢？「**養身體**」，就是食物。我們要下廚烹飪，讓孩子有可口的食物吃，這樣他們的肚子才不會挨餓。不只要不挨餓，還要考慮到營養是否均衡。

除了食物餵飽孩子的肚子，還要「**養心理**」及「**養心靈**」。我們說床前故事，為孩子讀床前書，讓孩子的心靈漲滿，安安穩穩的進入夢鄉。當然，我們也無所不用其極的想要影響孩子。

孩子愈長愈大了，原始的需求也擴大或轉變了。他們的要求更多，因為他們更飢渴了，不論是在肚子或心靈或心理上。

青少年對父母的責任

父母對孩子有責任，孩子成為青少年，除了是身型上的長大，也象徵孩子的自由度愈高了，父母將無法隨時環繞著青少年了。該怎麼辦？

因此，**爸爸媽媽得從自己的責任中，轉化成要孩子對自己和對父母的責任**。這是一種相對的責任。

孩子對自己，和對父母有什麼樣的責任呢？我說的責任，是最基本的，並不是全面性的責任。

01 和父母隨時保持聯絡

不論青少年在哪兒，當父母的人都得知道。

當然，青少年去哪兒，和誰在一起，去做什麼，事先都要向父母報備（主動的說最好，被動的告知也無妨），而且，要隨時和爸爸媽媽保持聯絡，以確保青少年自身的安全。

和爸爸媽媽保持聯絡困難嗎？電話、手機、電腦、寫信，管道很多。青少年沒有理由像斷線的風箏，讓父母乾著急。

同樣地，父母也絕對必須要知道，孩子去哪兒，和誰在一起，以及在做什麼。

02 安全至上

在安全部分，由於青少年的活動範圍大，除了身體上的安全，也如同父母保護孩子般，得注意心靈和心理上的安全。

因此，只要是危險的地方，危險的人，以及非法的事情，孩子都該遠離。這些事情，包括身體隱私部位的接觸，例如，性行為和懷孕的狀況，都該警戒。又例如，喝酒、抽菸或吸毒，也萬萬不宜。

如果青少年自身不確定當時的狀況是否安全，應該回到〈和父母隨時保持聯絡〉那篇。隨時詢問父母的看法，父母也得給予適當的建議與協助。

03 尊重

尊重父母，是天經地義的事。

而尊重自己，同時要尊重別人，這包括態度。這可擴大到「黃金定律」（The Golden Rule，即「恕道」）上，就是「想要人怎麼對我，我就得那樣對人」。

若受邀請到朋友同學的家，要尊重人家的規矩和規定，也要保護人家的整潔和財產。從孩子小時，我們就教孩子，若要使用或拿不屬於自己的東西時，一定要問對方，「我可以使用或借用一下嗎」，而不是擅自拿走物品或任意取用。

在電視影集《天才老爹》（The Cosby Show）中，老爸考斯比的女兒凡妮莎要參加學校的舞會，向姐姐借那件新買，而且還沒穿過的毛線衣，在姐姐沒有同意的狀況下，凡妮莎就私自穿去了舞會。

兩姐妹後來為這件事打架打到不可開交，甚至，還需要父母出面調解。

學到是一回事，真正要落實在生活裡，有時候知易行難。

我們從小就學「推己及人」，也學「己所不欲，勿施於人」，都是黃金定律，不論到哪兒，這是永遠有效的尊重。可是，**什麼是「己所不欲，勿施於人」**？

簡單的說，就是「我不喜歡的，就不強加在別人身上。當然，別人不喜歡的，也不能強加在我身上」。這個部分，可以無限延伸到生活的各個層面。例如，我不喜歡人家害我，我也不能去害別人。我不喜歡人家說我壞話，散播我的謠言，同樣地，我也不說人家的壞話，不散播別人的謠言。

如果朋友的父母不在家，最好是拒絕前往。尊重，是從幼兒園，甚至更小的時候就要學習的。**尊重，也是人與人相處最基本的法則**。

我有幾個美國朋友都告訴我，他們的家沒有鎖門，或者鎖門了，鑰匙放在哪兒，我可以隨時去他們的家，就自己開門進去。

而我，從來沒有因為這樣，就自己開門進去。即便是路過，我也要按門鈴，若是朋友不在家，沒有人應門，我也不自己推門進入。

角色混亂的危機

從〈都是5%惹的禍〉（P.68），我們知道了青少年時期，大腦的發展尚未完全。如布萊德里（Michael J. Bradley, Ed. D）在他的一本書，《是啊！你家的青少年抓狂了！》（Yes, Your Teen is Carzy!）中就說，青少年的頭腦，就像一個機場，所有的硬體都蓋好了，但還少了一個和塔臺連線的網絡，而青少年又是機長，要單獨駕駛一架飛機從跑道上起飛，當然險象環生。

我們看到青少年身體抽高了，體重增加了，外表看起來，有的還真像大人。可是，他們的內心，有時就像只有六歲的孩子，那樣的脆弱和不成熟。

01 自我認同

青少年要「知道自己是誰」，這是很辛苦的一條路。怎麼認識和確定自己是誰呢？當然要透過各種摸索，例如，哪種髮型適合自己，哪種衣著穿在自己的身上好看，哪條人生道路適合自己去走……，好多好多的摸索過程。

這也是他們的情緒晴時多雲偶陣雨的原因之一，甚至刮颱風和大地震，震驚父母，甚至，嚇得父母心慌慌。

心理學家艾力克森是精神分析的靈魂人物。從他的人格社會發展理論來看，他將人「自我意識的發展」分成八個階段。這八個階段的順序，是由「遺傳」來決定，但每一個階段能否安然度過，則受到「環境」的影響。

每一個階段，都有其危機。**我們不是要避免危機，而是要將危機變成轉機**。將危機變成轉機，我們就能安然跨過一個階段，繼續往下一階段前進。

如果其中一個階段沒能跨過，就會成為後面階段的障礙。青春期（12～18歲）是人格社會發展的第五個階段，此一階段是「自我認同」和「角色衝突」。這階段的危機是「角色混亂」。

因此，**青少年不但要找尋自我，還要看看自己在別人眼中的形象是否一致**。艾力克森將青春期的危機理論，用在詮釋「為什麼青少年不滿社會和犯罪」等問題上。他說：「如果一個孩子感到他所處於的環境，剝奪了他在未來發展中獲得自我同一性的種種可能性，他就將以令人吃驚的力量抵抗社會環境。」

如果人不經過青春期的自我摸索過程，沒有找到自己是誰，沒有瘋狂過，那麼，他們的青春期將延後到可能三四十歲，甚至更久。

從這一方面來看，當父母的人，要慶幸在自己還看得到時，保護得到你家青少年的瘋狂、撒野，這總比將來青少年外表年紀都成人了，內心卻還是那個青春期的青少年來的好。若是那樣，青少年的生命跨不過一個青春期的關卡，可能就會亂象叢生，還缺乏自信。

02 毛毛蟲變蝴蝶

我個人對「青春期」的看法，就像是蝌蚪要變成青蛙，需要轉變。

當蝌蚪還是蝌蚪時，牠只有尾巴，只能在水裡游泳，活動範圍也就那麼一點點。蝌蚪一旦變成青蛙後，陸地或水裡，都任由牠去。

蝌蚪在水裡游泳，看起來快樂，但沒有保護自己的能力，很容易被人家抓走。蝌蚪變成青蛙後，跳來跳去的，跳到陸地，我們撲過去要抓牠，牠瞬間又跳走了。青蛙可能跳到草叢裡，也許跳到水裡，總之，人很難抓到青蛙就是。

可是，你還記得蝌蚪怎麼樣蛻變成青蛙嗎？難道蝌蚪就在一夜之間，忽然就變成青蛙的嗎？

當然不是。最初，蝌蚪只有尾巴，如今，要蛻變了。

牠的後腳先長出來，接著長前腳，最後，尾巴縮了。所以，青蛙可以跳躍了。青蛙是兩棲類，陸地和水裡兩處得兼。青蛙的自由度更高了。

你看，青少年像不像是蝌蚪要變成青蛙之前的樣子？蝌蚪先要長腳，後要縮尾，而青少年則先要獨立，要自我認同，要自由，但同時，他們要把尾巴縮進去，這就是要發展青蛙可以跳躍的能力。

再來說蝴蝶好了。蝴蝶飛呀飛，「頭戴金絲冠，身穿花花衣」，看起來真是美麗又自由。但你還記得蝴蝶是由什麼變成的嗎？你說，毛毛蟲。

對了，就是毛毛蟲。毛毛蟲漂亮嗎？好像醜醜的，是吧！別忘了，從毛毛蟲變成蝴蝶之前，還有一個過程，就是蛹。然後，蛹，才變成蝴蝶的。

平時簡化習慣了，我們只記得毛毛蟲變成蝴蝶，而跳過蛹。最後，我們也只記得漂亮的蝴蝶，忘記醜醜的毛毛蟲了。

臺灣人說，青少年是「轉大人」。這個「轉大人」的「轉」，就是蝌蚪變成青蛙，毛毛蟲變蝴蝶的過程。

在「轉」的過程，穩定性低，因為在「轉」啊！而這個「轉」，就是變。

我在美國上大學時，已經四十九歲半了。我起初選的主修是心理系，後來我遇到很有趣的數學教授，就不知天高地厚的改修完全陌生，又是自己最弱領域的數學系了。

在美國，轉系非常容易。不少的大學生進入大學，填的是「尚未決定科系」。也有不少人系所改來改去，從這一個系轉到完全不相干的系。我的同學中，改過三次以上系所的大有人在。上大學沒有決定科系的人也大有人在，因為不知道自己喜歡的是什麼，尚需要時間去摸索。

而那些從大學畢業的同學中，有不少人後來沒有從事與自己主修相關的工作，反而是走一條完全陌生，卻是自己內心底真正喜歡，也是自己最有興趣，最擅長的一條路。

摸索，需要花很長的時間。摸索自己，尤其難。我們終其一生，都走在摸索自己的路上。青少年，要摸索的更多更難，他們正從蝌蚪要變成青蛙，從毛毛蟲要變成蝴蝶，我們總得耐心的等待。至少，要克制自己，被他們激起憤怒的時候，還不能對他們咆哮。

被你家青少年激起憤怒，而能不對他咆哮，這超過修養，你相信嗎？

青少年的6種改變

蝌蚪變成青蛙，要先長後腳，再長前腳，最後還要縮尾巴，才能真正從蝌蚪變成青蛙。而毛毛蟲要變成蝴蝶，過程更繁複，還要先成為蛹，最後才能變成美麗的蝴蝶，展翅而飛。

蝌蚪和青蛙，看起來完全不一樣。毛毛蟲和蝴蝶，也沒有相似的地方。因此，我們的孩子進入青春期，也變了。

外表，當然變了。行為，也變了。想法，還是變了。行動，當然也變了。有時候，青少年變得和以前判若兩人，讓父母完全認不出這個他一手拉拔長大的孩子。

也許，你發覺了，孩子進入青少年後，以前的一些舉止言談，或者人生觀點，從正向變成負向，態度踐踐的，好像看什麼都不順眼，甚至一副不在乎的樣子，也沒有那麼積極主動了，還常常挑戰父母的極限。

在〈都是5％惹的禍〉中，我們談到青少年大腦的發展，你對於你家的青少年了然於胸了。再比對蝌蚪變青蛙，毛毛蟲變蝴蝶，你更能體悟青少年的最大改變，就是變了。

一般說起來，青少年會有6種改變。包括**要更多隱私**、**說謊**、**心不在焉**、**言語犀利**、**物極必反**，和**說外星人語言**。

而這6種改變，通常讓爸爸媽媽嚇得皮皮挫，不知道該如何應變才是，好像這樣做也錯，那樣做也不對，怎麼就摸不著少年的心，似乎永遠都無法滿足他們的需求。因為這樣，當父母的人，挫折感隨著孩子一天天長大，也愈來愈膨脹了。

現在，讓我們一起來看看，青少年的6種改變，究竟是怎麼一回事。

01 要更多「隱私」

隨著孩子長大成為青少年，他們更注意到，和自己有關的一切。而首當其衝，就是要更多「隱私」。這是極其自然的事，就像大人注重隱私權一樣。

可是，**什麼是「隱私」**呢？

舉凡房間、抽屜、信件、電子信箱……。例如，我們不能隨意進入別人房間，因為那是隱私的地方。我們當然也不能打開別人的抽屜（不管有沒有上鎖），那裡頭有別人的隱私。我們也不能擅自開啟別人的信件或電子信箱，不能閱讀別人信裡的內容，除非當事人主動出示給我們看。

隱私的範圍很廣，都是和個人有關，而且是隱藏起來的。

因此，**當孩子變成青少年，爸爸媽媽要更尊重孩子的隱私權，允許他們保有隱私。這是獨立的一部分。**

不相信的話，當你覺得孩子的房間很髒亂，實在看不過去了，就自己作主幫你家的青少年打掃房間。我向你保證，你家的青少年會氣得暴跳如雷，或說你把他的東西搞亂了，讓他找不到，還說你不尊重他的隱私。

你可能會抱怨：「好心沒好報。」

但孩子也沒說錯啊，因為你抵觸了他的獨立，就是隱私。

父母不能把偷看孩子的日記，當成是父母理所當然的權力。日記，其實就是最隱私的部分，那是一個人內心底層最私密的記錄，由不得任何人（不管關係親不親）在未經許可下，擅自翻閱。

如果你不但翻閱孩子的日記，還在上頭改錯字，我得說，你真是太白目了。

如果你有打開孩子日記的習慣，也許，孩子知道了，會故意誤導你，在日記上氣炸你，以報復你不尊重他的隱私。

檢查孩子的E-Mail，看誰給孩子寫信，寫的內容是……，這一樣不被允許。

我的女兒寂琦寫日記是用英文寫的。有一次她告訴我，她用英文寫日記，這樣日記被偷看的機率降低了。

我不知道我的女兒是否意有所指，但我向她保證，我對於任何人的隱私都沒有興趣，對她的日記也是一樣，就算我的英文閱讀能力許可，而她的日記又擺在我眼前，我也不會去翻去讀。

「我寧可妳自己告訴我！」我對她說。

可是，當孩子什麼事都不讓父母知道，都說是他們的隱私時，父母不知道孩子究竟交了什麼朋友，做了什麼事，就更焦慮了。

父母當然需要知道孩子在哪兒，和誰在一起，做什麼事，才能心安，也比較可能保護孩子的安全。但是，父母不能總把鼻子貼近孩子，什麼事情都聞一聞，都想徹底了解，青少年自然是不可能連細節都稟告父母。

要解決父母的焦慮和落實管教任務，爸爸媽媽可以這樣子對孩子說：「我們需要知道你的情況如何，以確保你的安全無虞。因此，你要定期向我們報告你的行蹤與所作所為。」

「爸爸媽媽在問你話時，你必須要回答我們的問話。」青少年常常在爸爸媽媽問話時，不置可否，甚至連回話都懶。如果，父母的問話就像法官在問案一樣，那就更沒輒了。

其實還有一種更好的解決方法，就是「**常常和孩子聊天**」，尤其是在晚餐飯桌上，輕輕鬆鬆的聊天，孩子對父母的談話比較不會有防備的心。

而要在晚餐飯桌上聊天，與有上補習班的孩子的時間衝突，父母自然得考慮，孩子是不是得科科補？非補不可嗎？是不是有更好的方式，可以彌補孩子在學校課堂上不懂的地方？

我的孩子們都沒有上補習班，除了老大在高二時，去德國當交換生一年，回臺灣後直接跳讀高三，為了沒能上到的高二數學課短暫的補習外，沒有任何補習。太相信補習班，太依賴補習班，終究不是學習的方法。

小建議

如果青少年真的需要加強課業，我提供一個不錯的免費家教網——KHAN Academy（https://www.khanacademy.org/），這是目前全世界最大，品質也挺優質的免費家教網。雖然是美國的網站，也有中文翻譯，可以滿足孩子在家加強課業的需求，裡頭包括很多科目，像是數學、理化都有。

02 說謊

青少年說謊，只是為了要更多自由，有時候是為了方便行事，或者是怕父母或朋友生氣。甚至，只是不知道如何處理，不得不然。

我相信，當過青少年的人，沒有不說謊的。**說謊，也是保護作用。**

例如，爸爸媽媽規定晚上九點前要回到家，而孩子為了要和朋友多聊幾句或逛街逛久一點，晚回家了，就對父母說，「公車時刻表不準，等了很久才來，所以，就晚回家了。」或者說，「轉捷運時，沒趕上……。」

有一次前往夏令營的路上，A和B為了不讓太晚起床，跟在後面一段距離的C追上他們，在途中躲起來。但後來這兩位少年走錯路了，反而比後來居上的C，還晚抵達夏令營。

這該怎麼處理呢？A和B就想「說白謊」，這樣C才不會因為他們的惡作劇而難過。他們認為「白謊」就是是善意的謊言，不是壞事，所以沒關係。

他們徵求我的意見，問我說白謊的做法好不好？

我是見證人，因為我陪C走了那一段路。

我對他們說，不論是白謊還是黑謊，小謊還是大謊，基本上都是謊言。既然說謊，為了要掩飾這個謊，心理上會忐忑不安，會折騰自己，而且，還要時時刻刻記住，要用另外一個謊來圓這個謊。這樣，本來一個謊，就愈堆愈高，就像千層派一樣，心理負擔很沉重，還可能穿幫。

一旦穿幫，關係就會變糟，朋友相處就難了。

「與其這樣，就直接誠實的說比較簡單。」我說。

「可是，他知道真相，會生我們的氣。怎麼辦？」他們問我。

「那就道歉囉！」這是我的建議。

後來，他們果真實話實說，朋友關係依然維持得很好。

雖然說青少年說謊除了要自由，就是怕爸爸媽媽生氣。但是，孩子說謊，不論是白謊還是黑謊，就表示不是真實狀況，又怎能博得父母的信任呢？

因此，**父母還是要追根究柢，非知道真相不可**，否則，之後怎能相信孩子？何況，說謊會變成習慣，說了第一個謊，騙過了爸爸媽媽，第二個謊馬上就來了。

那身為爸媽，要怎麼才能知道真相？

爸媽不必像偵探，也不必派其他子女當間諜，而是開誠布公的告訴孩子：「你要幫助我們相信你，請告訴我們更多狀況，究竟這件事是怎麼發生的？」**父母要心平氣和的取得資訊，不能像法官在問口供一樣**。這能讓孩子警覺，爸爸媽媽非常重視誠實。而唯有誠實，才能取得父母對他們的信任。

在電視影集《天才老爹》中，有一集是考斯比的青少年女兒要當醫生的爸爸幫她朋友的忙，就是她朋友的月經已經遲到四星期了，想要檢驗是否懷孕了。

「她的父母不知道。她也不要你知道她的名字。」考斯比的女兒如此說。

考斯比在為那個青少女驗孕之前，感到很疑惑，「為什麼月經四星期沒來，還不讓爸爸媽媽知道」。

為此，考斯比和太太召開了家庭會議，對孩子們說，有事情一定要對父母說，不能說謊，不能隱瞞。他們夫妻向孩子保證，無論孩子發生什麼事情，他們都會極力協助解決，因為他們在乎孩子的健康和幸福。

他們的孩子試探父母，「知道真相是否會生氣」。考斯比夫妻保證絕不生氣。結果，當孩子一一的承認他們過往的謊言後，考斯比夫妻都生氣了。

這讓考斯比夫妻反省，「自己在青少年時，是否曾對父母說謊」。

當然有。夫妻兩人在交往時，本來應該是要去教會的野餐活動，但兩人把車開到河岸去，在那兒裸體接吻。

「過了這麼久，這樣的謊，該不該讓父母知道？」他們夫妻倆討論了一下，兩個人都覺得應該誠實以對。

於是，考斯比打電話給他的媽媽，說明當天他們兩個人真正的行蹤。考斯比的媽媽聽了之後，在電話的另一頭生氣了。

考斯比說：「媽媽，我們都已經結婚二十幾年了，事情也過去那麼久，妳怎麼還那麼生氣！」

那就是人性。這也就是青少年要獨立，不得不說謊的原因。

03 心不在焉

女孩子月經開始了，身體變得不一樣了。從小學生變成了國中生，或高中生，認識的同學愈來愈多了，社交的範圍也愈來愈廣，只因世界變大了……。

以前小學的同學，只是住在家附近的幾個村落或街道，能交的朋友還是有限。如今，同學們來自於不同的小學，甚至是不同的國中，領域愈來愈大，交朋友的機會愈來愈多了。

這些機會，讓孩子目不暇給。他們急著要認識不同的同學，而不同的同學來自於不同的家庭背景，以及不同的生活經驗和個性……。孩子們好奇，也正在學習交新朋友，接觸新鮮事。

當然，在將注意力放在同儕身上時，青少年也要看看自己和人家有沒有不一樣。他們的注意力轉移了，專注在從前沒有的事上。

因此，孩子對父母所說的話愈來愈心不在焉，也愈來愈不去注意自己該做卻沒做到的任務……。

這時候，爸爸媽媽說的話，連「左耳進，右耳出」都懶了，甚至，乾脆是左耳不進，右耳也不必出了。根本就是把耳朵關起來了。當父母的你說了一大堆，孩子還是一句話也沒聽進去，或是你沒有保握孩子聽了多少。有時候孩子甚至說：「我根本不在乎我的爸爸媽媽說什麼。」

這的確有點難搞。不過父母何不試著對孩子說：「請你重複說一遍，我剛剛對你說的話。這樣我才知道你是否聽進去了。」**要青少年重複說一遍爸爸媽媽交代的事項或叮嚀的話，這是最能保證孩子真的聽進去的方法。**

當然，孩子難免會提出抗議：「跟你說聽見了，你煩不煩啊！」

此時，你必須要沉得住氣，不能動怒，也不能開口罵人。你要記得，你的目的是「要孩子聽進你說的話」，然後照著你的話去做。

04「毒」你千遍不厭倦

青少年說的話，有時候非常的「毒」。不只是對父母「毒」，對同學也很「毒」。例如，造謠、傳播流言蜚語。明明沒有的事情，有些人卻可以天花亂墜，說的好像是真的一樣，結果傳來傳去，傷害人了。

在看到被謠言所傷的人，他們不但沒有同情心，也沒有懺悔，還表現出一副和我無關的無辜模樣。嚼舌根、批評別人、愛八卦、酸人家……，校園裡的霸凌現象，這些都是。

「那個誰誰的鼻子長得像大象的鼻子，太好笑了。」

「你看，她那麼胖，就像肥豬一樣。」

「喔！他那麼瘦，就像竹竿一樣。身材扁得像……。」

「那個花痴，老是在追長得帥的男生，還常劈腿……。」

青少年對與「性」相關的話題，也興致勃勃，說的比任何年齡層都多。而青少年之間毒來毒去，即使回到家也是如此，聽在父母的耳朵，實在不舒服。

要杜絕青少年的「毒舌」不容易，因為有些人覺得那樣說話很酷。

「你在學校時和同學間如何說話，爸爸媽媽不知道，也管不到那兒去。但至少，在家裡，我們不允許那樣的話出現。我們想，你需要尊重我們家人的感覺。」

也許，當父母的可以如此要求你家的青少年。

05 說外星人語言

最近，我一位朋友上她朋友的孩子的臉書，看到臉書上寫著「踹共」，她以為朋友的孩子很反共，要「踹共產黨」。但深入了解後，才知道「踹共」居然是臺語「出來講」的諧音詞語。你聽（看）得懂嗎？

「你們不愛我」、「我討厭你們」、「我恨你們」、「我忘了」……，這樣的話出自青少年的口，還真傷父母的心。想想從小一把屎一把尿的拉拔，要什麼給什麼，現在卻說恨爸爸媽媽，真是沒良心啊！

青少年說的話，有時候需要「翻譯機」將他們的語言，「翻譯」成他們真正想要表達的意思。例如，你問你家青少年事情，孩子回答說：「我不知道。」如果你耐心的繼續追問「為什麼會不知道呢」，最後抖出來的話，居然是「我不告訴你們我知道的」。

又例如，你叮嚀你家青少年的事情，他說：「我忘記了。」你為此抓狂跳腳，若繼續往下問「為什麼忘記了」，青少年可能露出不懷好意的笑容，說：「因為我選擇不要記住。」

青少年和父母起爭執時而可見，衝突時，雙方通常沒有好話。你家青少年脫口而出就說：「我恨你們。」這下子，你的血壓飆高到要腦充血了，而你家青少年話語傳達的其實是「我現在對你們很生氣，氣到要爆炸」。這不就是父母氣到要腦充血的翻版嗎？

或者，青少年在面對爸爸媽媽的問話時，一句「你不會懂啦」，讓父母摸不著邊。父母以為那是多困難的事情，哪知道其實他的意思是「我不要你們懂」。

那麼，當青少年生氣的對父母抗議，「你們不信任我」時，就是「你們都不願相信我所說的事」。

「你們不愛我。」這也叫父母生氣極了。這是什麼鳥話！為你做牛做馬，卻落得一個「不愛你」的指控，怎不叫父母傷心呢？然而，青少年的意思居然是「你們不讓我做我想要做的」。

諸如此類的說話方式，是青少年特有現象。**爸媽當然不懂，可也不必生氣。**目前還沒有「青少年語言翻譯機」上市，爸爸媽媽只有直接面對孩子，並且問他們：「這是你真正的意思，還是你有其他話要說，或是另有所指？」**要求孩子把話說清楚，不要讓父母猜他們的意思。**否則，當青少年的父母，真的太辛苦了。誰懂外星人語言呢！偏偏我們的青少年自創語言，說來還真有創意，只是這些創意，考倒父母了。

如果父母平時就忙碌，哪有時間釐清孩子真正的話中話呢？「踹共（出來講）如何？」就邀你家的青少年一起散散步，把話說清楚，好幫助你明白他們真正要說的話，而不必讓血壓因此升高。

06

物極必反

「明明昨天還說討厭隔壁班的阿英，怎麼今天兩人卻好的那麼麻吉？」

「昨天才恨紅色恨得要死，今天卻買了一大堆紅色的東西？」

「本來很喜歡她的英文老師，今天卻討厭得要命？」

「琳琳穿那件洋裝難看死了！」青少年說這句話，其實是反話，是羨慕琳琳穿那件洋裝挺漂亮的。

這也是青少年特有的共同現象。善變，而且是完全相反的變，是極端的變。變得叫父母看得一頭霧水。

好的變成壞的，壞的變成好的；對的變成錯的，錯的變成對的；喜歡的變成討厭的，討厭的變成喜歡的……。

既然如此「反反變」，**父母該如何接招呢？**

還是打破沙鍋問道底吧。問問你家的孩子：「你為什麼喜歡那個？說個理由吧！」或者：「哪個好，好在哪兒？壞，又壞在哪兒？」

當父母不懂孩子說的話時，就以小朋友最喜歡問的，「為什麼？給我解釋嘛！給我說說吧」，來因應青少年的「反反文化」。

就說了，要懂青少年，真的不容易。這也是為什麼身為青少年的爸爸媽媽，頭髮總白的特別快的原因。

父母可以這樣做

愛，是一切。父母對子女無條件的愛，是青少年的定心丸，也是青少年尋求獨立和自我認同的靠山。

雖然教養青少年困難重重，挑戰度很高，需要時刻都繃緊神經，但我們也知道，當人的頭腦用的愈多，腦袋瓜就愈靈活。這樣的間接好處是，到了85歲時，你就可以降低50%成為老年失智者（俗稱「老年癡呆症」）的機會。老年失智者不但花費很高，而且會把自己和家人搞得很悽慘。

因此，也許你該感謝你家的青少年，賜給你一個這麼艱難的挑戰，讓你參加一個魔鬼訓練營，遠離罹患老年失智症的可能。

父母是孩子的守門人。父母是幫助孩子在將來成年時，進退有據，有獨立生存的能力而存在的。

說的更徹底一點，父母有點像是「馴獸師」，要把野馬訓練成一匹良駒。總得要懂馬，才能進一步訓練，對不對？不懂馬，怎麼能當馴獸師呢？

因此，父母可以做的事情很多。父母可以把門打開，開大一點，讓風進來，讓空氣也進來，還有，當雨水也飄進來時，要能開心的欣賞就是。

01 摸索青少年的專屬「愛之語」

前面我提到蓋瑞．巧門博士的《青少年愛的語言》一書，要父母找出青少年最主要的「愛的語言」，並從此切入，將事半功倍。

愛的語言，就是說你家青少年的話，並用青少年的話，作為父母和子女之間溝通的輕鬆法門。這年頭，能有輕鬆教養青少年的法門，是值得認真學習的。

說青少年的「愛之語」，就是讓你家的青少年有「被愛」的感覺。有滿滿的愛的孩子，懂得自我肯定，而且，更有能量向前。在面對挫折與失敗的時候，也能更加勇敢的去承擔。

因此，花一些時間，**找出孩子最主要的「愛之語」是什麼，是父母的工作。**找到之後，父母可以不斷的練習，讓自己的「愛之語」技巧更純熟。

當找到青少年的主要「愛之語」後，父母要繼續尋找你家青少年的第二「愛之語」。把主要「愛之語」和次要「愛之語」合併使用，再加上其他三種「愛之語」的結合，父母在陪同青少年走過瘋狂的青春期時，感覺會更加的舒坦。

要找出你家青少年的「愛之語」，可以透過問青少年問題。例如：「我一直很想成為更好的父母，但我可能在說話或行動上傷害了你……。請你告訴我，從你的觀點，我要怎麼做，我們的親子關係才能變得更好？」

再來是透過觀察。例如：「如果你開車送我到球場，我在那兒可以交到一些朋友，這樣我就不會整天在家無所事事。」當青少年這樣說，他的主要「愛之語」就是服務行動。如果青少年是說：「爸爸，我們可以一起去露營嗎？」他的「愛之語」則是優質時光。

最後則是透過探索。像是挑兩種「愛之語」讓青少年選擇，你先試一星期這種「愛之語」，下星期再給你家青少年另外兩種「愛之語」挑選，並從中再試試看，究竟哪一種最能打開你家青少年的心扉。

蓋瑞・巧門博士鼓勵父母，五種「愛之語」都用上，對你家青少年的好處，會延伸到他的婚姻和整個人生，因為你家青少年滿足了他在情感上的需求，他知道他的父母很認真的在愛他。

至於，什麼是青少年的五種「愛之語」呢？

A・肯定言語（Words of Affirmation）

「肯定語言」就是用正面的話，肯定或具體的稱讚一個人的作為。做法是一定要具體。例如：「今天你在學校表現得很好。」這樣的肯定很籠統，不如這樣說：「你今天的歷史報告做得真好，看得出你花很多時間，很用心的做。」

如果你無法稱讚結果，那麼就讚美青少年在過程中的努力。例如：「雖然球賽沒有贏，但是，你打得真棒，你扣籃時扣得實在厲害。」對青少年的肯定，不是拿你家的青少年和別人比，也不是因為別人給他的成績，而是青少年與自己的對比。如果他在整個過程中都很努力，那就是父母該肯定的地方。

說正面的話時，同時要停止或避免對孩子過去的批評，千萬不要雞蛋裡面挑骨頭，更不能冷言冷語，像是說：「我早就知道你打不贏的。」

而肯定的話，第一句話就是說「我愛你」。

問題是，你怎麼知道你家的青少年的主要愛之語是「肯定言語」呢？祕訣是，當你家的青少年曾經抱怨你，「不管怎麼努力，都得不到你的認可，你只是一味的批評」。這就透露了孩子的愛之語傾向是「肯定言語」。

另外，透過觀察，看看你家青少年在你對他表達「肯定」時，反應如何？試試看。我發覺我的兒子的愛之語，就是肯定言語。這是在經過他一再地對我說，「我批評他」，而青少年口中所謂的「批評」，在語言的程度和大人的認知有很大的差異，因此，對青少年說話要小心翼翼就是。

對青少年說讚美的話，一定要誠懇。**正面與讚美的言詞，能讓青少年對自我肯定，讓他們體會到：原來透過努力，是可以獲得成就的。**

B・肢體接觸（Physical Touching）

要擁抱青少年時，一定要注意，千萬別在公開場合，尤其不要在你家青少年的同儕面前擁抱他。青少年覺得那是尷尬的事情，觸犯到他對自我的認同，所以要避免。青少年為了要表現獨立，有時候連父母開車送他們出門，都要父母把車停得遠遠的，不要讓他們的同儕看到。

青少年不再是兒童，他們不願意被父母當作小朋友對待。他們也不願意回到童年。因此，擁抱青少年時，非常重要的是時間和地點要正確。

「肢體接觸」的方式很多，不一定非要擁抱不可，但擁抱的效用很大。偶爾，拍拍肩膀，或者伸出拳頭來，互相撞擊一下也行，或者勾肩搭背都行。

「肢體接觸」不只是對青少年好，對父母本身也非常好，藉此可以傳達彼此的愛。研究顯示，肢體接觸可以刺激青少年的智力發展，會讓青少年更聰明。肢體接觸也釋放了人潛藏的壓力和作為情感的宣洩。

C・優質時光（Quality Time）

這部分，在本書的一開頭，我以我和三位少年，A、B、C一起在籃球場上打球為例（P.22），這就是「優質時光」的方式。在給予青少年「優質時光」時，一定要把其他事情都撇開，就只是在青少年與你之間。

「優質時光」給青少年的感覺是安全和減少焦慮，做法如下。

- ▼聽青少年說話時，眼睛要看著青少年的眼睛。
- ▼聽青少年說話時，你得專心，不做任何事。
- ▼聽的時候，要能同理青少年的感受。
- ▼聽的時候，要注意青少年肢體語言所傳達出的含義。
- ▼千萬別打斷青少年說話，記得「聽」。
- ▼聽完後，問問青少年孩子的感覺與反應。
- ▼記得表達你對事情的理解和了解。
- ▼徵求孩子的許可，看看是否可以表達你的看法。

有一位爸爸要和孩子一起共度「優質時光」，父子兩人就一起去看球賽。看球賽時，這位爸爸的眼睛都在他的手機上，他的指頭也在手機上。他的兒子感受不到和爸爸相處的樂趣，當然這也不算是優質時光。

因此，**「優質時光」的重點不是在於你陪孩子從事什麼活動，而是你從事這個活動時，投入的情感與態度**。記得，參與，一定要參與才行。

若要安排和你家青少年一起活動，如旅行，並不是以你自己的喜好為主，而是以你家青少年的興趣為主。這樣的定義，非常的明白了，希望可以真的讓你了解到「優質時光」的真正意思。

D．服務行動（Acts of Service）

「服務行動」就是父母為青少年做事情。像是功課不懂，需要媽媽協助；腳踏車故障了，需要爸爸幫忙修理……，在餐桌上教青少年玩遊戲，同時和青少年玩遊戲；在廚房裡，教青少年做飯做菜……。

「服務行動」的代表，例如，到非洲叢林醫治病人的史懷哲醫生，還有到印度為窮人服務的德蕾莎修女等，二人都因慈善的服務行動，獲頒諾貝爾和平獎。

對臺灣的父母來說，為青少年「服務行動」一點也不難。這是臺灣父母一直很努力做的事情，因此我就不多解釋。

E・贈送禮物（Gifts）

聽到「贈送禮物」，也許你要大喊，哪個孩子不想要父母贈送禮物呢？也沒錯啦！但有些青少年收到禮物後，會覺得這是父母關心他的表現，並將那些禮物隨時帶在身邊，只要看到禮物，就能感覺父母在他的身邊。

我的女兒十歲時，她的一位同學的媽媽送給她一個穿著美國國旗的布偶。後來，不論暑假時到南非遊學兩個月，或小學畢業後到祕魯擔任一年的交換學生，甚至到美國讀國中時，她都隨身帶著那個玩偶。

經過那麼長久的時間，那個玩偶早就破了，但是對我的女兒來說，那個禮物是永遠的溫馨，跟著她的世界跑。

我則是在我的女兒上了大學之後，才真正的發現，原來我的女兒的愛之語，就是「贈送禮物」。

「贈送禮物」的原則，不是挑選自己覺得好的，而是要挑選青少年喜歡的禮物。這部分與臺灣人的認知上有距離，一般的臺灣人在送禮物時，都以自己喜歡的（像是覺得挺實用的、覺得蠻有幫助的……）為主，但禮物是要送給對方的，所以，自己喜歡不喜歡不重要，對方喜歡才是重點。

02 彈性要大

「轉型期」是人最難以適應的時刻。從兒童到青少年的這個「轉型期」更是艱難，一如女人在更年期的「轉型期」一樣，情緒起伏大，失眠、盜汗、憂鬱……，而且時間可能長達好幾年。

從兒童轉型到青少年，孩子的身高長高了，體態也長大了，但內在的心理不一定同時長大。父母可能感覺，孩子總是瞬間爆發，無法預測青少年的心情，彼此也好像是很陌生的感覺。

不只父母困惑，青少年本身也很難為。這時候，父母在對待你家青少年時，要更具彈性，也要多加了解你家青少年在想什麼。

此時，**他們需要的是，父母的支持、耐心、接納**。

青少年踏入青春期時，青少年變了，父母也要改變才行。

美國心理學家，也是青少年教育專家勞倫斯・史提伯格（Laurence Steinberg）的《10個好教養原則》（10 Basic Principles of Good Parenting）一書中，史提伯格建議父母在青少年轉型期時，要做到三方面的了解：

▼轉型期的發展是什麼？

▼為什麼會那樣？

▼那代表做父母的意義是什麼？

史提伯格認為，**從一個時期轉入另一個時期，人的外表改變了，內在也一定改變**，如想法、感覺、能力上，青少年會想「自己是什麼樣的人」，以及思考到他們和別人之間，包括和父母的關係。而父母一定要讀書，不能把自己的熱情停留在孩子嬰兒期，得拚命學習、找資料……，當孩子愈長愈大，父母本身不能不去讀孩子這一階段發展的書。另外，父母和青少年本身都無法控制，也無法抑制自然與心理的發展，父母只能更努力的學習，讓孩子在轉型時變得更好。

例如，外向和內向都是與生俱來的，就像我們的頭髮是黑色，那是無法改變的，父母也就不必浪費力氣，在要將孩子變成不一樣的個性上。父母可以改的是「教養的方法」，去適應孩子的先天個性、興趣、年紀⋯⋯。

當孩子變時，父母不得不改變。而害怕改變是人的天性，對父母來說，當個一成不變的父母最容易，但那已經是萬萬不可能，當父母就得適應，及學習改變。

彈性，在孩子正處青春期時刻的教養，非常非常重要。父母不能因為那樣，就非怎樣不可。**彈性，是親子之間關係的潤滑劑，也是橋梁。**

我有一位美國朋友，在高中時，他的父母給他的門禁時間是凌晨十二點。有一次週末，他開車送和他約會的女孩回家後，才回到自己在郊外的家，那已經是深夜了，早就過了他父母要求的門禁時間。

第二天早上，他的爸爸對他說：「兒子，你昨夜回來遲了？」

我的朋友立刻就承認：「是的，我超過門禁的時間。」

「我的爸爸沒有因為這樣而厲聲責備或下禁足令，但他也讓我知道，我違反規定了。這表示我的爸爸關心我，在乎我，知道我還沒有回家。雖然他只是說一句話而已，但那同時也提醒了我：不能再超時回家了，我的爸爸等著啊！」

如果，這位爸爸在孩子回家時，就拿著棍子，大聲斥罵，想必那個晚上，爸爸失眠，兒子也不得好眠。父子翻臉爭吵是可以預期的。

所以爸爸在孩子回家了，平安了，就先上床睡去，沒有驚擾孩子，他知道孩子和朋友出去玩到半夜，也累了，需要睡眠，教養的事情就留待第二天解決。隔天，父子都睡飽了，情緒穩定，爸爸的高招處理，就一句話，兒子也明白了。

那位朋友說，他從此之後沒有再超過門禁時間。

「彈性」的拿捏，在孩子青春期時格外重要。那是給自己機會，也給孩子機會的最好方法。

03 永遠要正向思惟

正向，就是朝著樂觀的方向思考、做事、前進。正向，是一種「吸引法則」（指吸引具有相似思惟，同時也被對方吸引的「互相吸引」過程）。正向的人，讓人感覺樂觀、開朗，凡事都有可能。

即便在教養青少年時的挑戰很多，不可預測的太多，挫折感也很大，不過父母既然是孩子人生的第一個導師，引導孩子朝成人的路上走，父母就需要保持正向的態度和思考，就算孩子犯錯連連，父母依然不能放棄他們。

如果挫折讓你頹喪，不妨看看自己的優點，同時也看看孩子的優點。人的優點，應該都是比缺點多。往優點的方向努力，你會看到孩子正朝著好的方向改變。

最近，我看了一部喜劇電影《歐吉桑鄰好》（St. Vincent）。劇中看來是個無賴，和性情不穩定的退伍老兵的文森，在小男孩奧利佛的學校報告中，不但以他為報告主題，還說出他非常多的優點來。

看優點時，人更好。看缺點時，人更壞。不是嗎？若從「吸引法則」來看，父母看孩子的優點，孩子肯定是會愈來愈好。

做父母的人，就是要教孩子如何做對的選擇。而「正向」是永遠對的選擇。

04 父母要學習成長

在知道孩子進入青春期後會有「6種改變」（P.108）後，父母除了學會因應那些問題外，還需要多閱讀和青少年有關的書籍，參加相關的課程，多觀賞相關的影片。例如，我前面一直提到的，美國的電視影集《天才老爹》（The Cosby Show）就是父母很好的進修題材。在臺灣，華視曾經播出過《天才老爹》，有中文字幕，網路上應該也不難搜尋。

雖然《天才老爹》是電視影集，但因為主角「考斯比」的專業是教育，因此，內容是以教育為出發點的家庭喜劇。《天才老爹》首播在1984年，一口氣播了八年，得過差不多五十個獎項。如今，還是繼續在美國電視臺不斷重播，而且，運用到當今的青少年教養還是非常適合。

我想起我媽媽常常對我說的一句話：「妳是我生的，妳會幹什麼事，我怎麼可能不知道！」說歸說，我媽真的了解我嗎？當然「不」。身為父母的人，怎麼可能完全了解自己的孩子呢！

學習不嫌多，不是說「活到老，學到老」嗎？青少年孩子逼著父母成長，也算是他們對父母的貢獻，是現代的孝道哩！

05
關於「性」，早說比晚說重要

我的一個美國朋友，在他和他的手足正值青春期時，若他們的朋友來訪，他的父母是嚴禁孩子們帶異性友人到自己的房間去。父母為什麼要這樣做？當然是因為**青春期很容易衝動，尤其是性衝動，父母是要避免孩子太早發生性關係。**

青春期的孩子對自己身體的轉變好奇心正強，尤其是在「性」這件事上，也許懂，也許不懂，但是青少年喜歡以「性」作為開玩笑的話題，這並沒有因時代的轉變而有所變化。

因此，父母必須早一點對孩子說明男生、女生的身心差異。也要告訴孩子說，嬰兒是怎麼來的、從哪兒來的。讓孩子知道，某些行為將會產生連帶後果，若懷孕了，將會怎麼樣。

青春期的孩子荷爾蒙正旺，關於「性」，早說總比晚說得好。若遲了，青少年禁不住嘗了這顆蘋果，就更麻煩了。

關於「怎麼去說」，對父母來說，還是相當具有挑戰性的。該怎麼說才好呢？又該如何教孩子與異性相處？十五歲以前，青少年喜歡群體社交，也漸漸地開始喜歡異性。十五歲時的青少年，正積極發展一對一的約會模式。

如果青少年已經有心儀的對象了，父母該怎麼教孩子約會守則？對女生來說，比她年長的男性當然是在名單之外。青少年一對一約會時，白天見面可以，晚上九點之前也沒問題，至於過夜的話，當然會有麻煩。

美國的父母會和孩子討論，問問孩子和對方的感情，是以長遠交往為前提的嗎？還是僅僅是普通交情的朋友？這是在孩子計畫和對方一起過夜下，父母要開啟的一面，這是一般父母不太敢碰觸的話題。

孩子可能會說：「就只是朋友而已。」

接下來，父母可以這麼說：「如果只是朋友，那麼，要有性關係似乎太早了。性，對女生的影響比對男生大，感情和懷孕，都有可能是衝擊。」

有時候，孩子要去參加朋友的生日派對，美國的父母也會問：「是不是會有人離開現場到林子裡？」其實意思是「有沒有人會到林子裡發生性關係」。

在談性時，美國的父母也會和孩子談到性帶來的疾病，包括傳染病和性病。

06

「同理」青少年

父母在教養青少年時，有時候難免要說：「想當年，我飯沒得吃，從小就辛苦工作，而我給你這麼好的環境，你還不知好歹……。」或者說：「想當年，我從小學以來都考一百分，哪像你，考這什麼爛分數……。」

話「當年」的吹牛成分多少，自己心裡有數。就算是真的，也不必老王賣瓜，畢竟，時代不同，環境不一樣，頭腦有差別，興趣不同，個性也有差異。何況，青少年還真無法體會父母曾經受過的苦。

將心比心，把自己放在你家青少年的立場上去想。他們一出生什麼就都有了，怎能體會以前的環境呢？有句美國人愛說的西方諺語，「要想知道別人的鞋子合不合腳，穿上別人的鞋子走一英哩（Walk a Mile in Her Shoes）」。由這樣生動的描述，就知道穿自己的鞋子說對方怎麼樣，是不客觀的。

何況，想想自己在青少年時期的處境，是不是和孩子如出一轍呢？

在《天才老爹》影集中，考斯比的兒子因為心儀的女生對他說，他穿耳洞會很好看，於是就私下找人幫他穿耳洞，不料卻傷口感染。身為醫生的考斯比。在二女兒暗示「弟弟穿耳洞受傷」後，他和兒子鬥智，想要看看他穿耳洞的那個耳朵，但兒子左閃右閃。

後來，爺爺來訪，說出考斯比在青少年時，為了博得一個女孩的歡心，把頭髮燙捲……。奶奶也說，當年爺爺在追她時，也做過蠢不可及的事情。考斯比當下才「將心比心」的想：原來，男生都會為喜歡的女生做愚蠢的事情。

將心比心，能讓青少年在犯錯時，學到一些經驗。這是他們成長的必要過程。

07 把對孩子的期待說清楚

我有一位美國的朋友，教養了三個非常成功的孩子。他告訴我，**對青少年孩子的期待要說得很清楚、很具體**。這樣一來，「孩子會知道爸爸（媽媽）的『期待』是什麼」，也才讓孩子有路可循。

而他對孩子期待什麼呢？

就是在青少年時期，成績必須要拿B（相當於臺灣的「乙」）以上。他認為只要孩子用心聽課，有做功課，和讀書，要拿B並不難，他說：「我認為B是人人都做得到的。」這讓孩子有學習的目標。

在行為上，因為孩子還是青少年，自由度和大學不一樣。因此他說：

▼有事必須及時告知父母，不能等到不可收拾，才丟炸彈

▼門禁：國中晚上9點，高中晚上10點。週末則可以到晚上11點

▼家事都要做。必要時，還得幫忙烹飪

▼不可以抽菸、喝酒、吸毒，也不可以做違法的事情

▼不可以和異性發生親密關係，萬一控制不了，必須使用保險套，以保護雙方

▼零用錢靠打工而來（因為，天下沒有白吃的午餐）。他告訴孩子，唯有靠自己工作賺來的錢，才是自己的錢

這位美國父親對我說，**對孩子的期待還要「合情合理」**。他覺得自己設立的那些規定，也是合情合理的。

他還告訴我，他的父親就是如此對待他的。他覺得當年他能成功，讓自己往後的生命路上都很順遂，父親對他的期待功不可沒。

「若對孩子完全沒有期待，青少年就無路可循，缺乏目標，還以為父母不關心他們，不愛他們。」他說。

08 注意孩子做什麼

三位臺灣少年A、B、C住在我家，我常帶著他們一起上圖書館。有一次，修理洗衣機的工人打電話來，說馬上要來我家修理洗衣機。我因此交代三位少年，我回家一下就來。但你猜怎麼了？圖書館館員不准我將三位青少年留在圖書館裡，自己卻離去。

我看了圖書館的規定，那兒寫著，「十三歲以下的孩子，必須要有大人陪伴在圖書館裡」。而三位少年都已經十三歲了，圖書館館員在他們上網這件事情上，仍然堅持要大人陪同。想想看，雖然圖書館的書都是經過篩選才買來的，但網路是沒有底線的。這是他們需要我在場的原因。

換句話說，孩子們雖然已經十三歲，他們瀏覽什麼網站，我不能不知道。

既然連上網都如此謹慎，那麼，孩子閱讀了什麼樣的內容，不只網路上，包括電視、書本、雜誌、遊戲等，父母也應該明白才是。至少，父母可以看看，孩子究竟在讀（看、玩）些什麼東西。

還有一次，三位少年要買運動鞋和運動服，我就開車送他們到Academic Sports（運動用品店），要他們自己去選購。

才約二十分鐘，我就接到其中一位少年打電話給我，說該商店的人不允許他們三人在沒有大人陪同下，獨自在那兒溜達。

我即刻趕回商店，和商店的人員交涉。他們的理由是，「青少年還沒有成熟，偷竊案例也多，所以，商店對青少年自己逛，有所限制」。

09 認識孩子的朋友

美國的孩子，從小學到高中，常會被朋友邀請去家中過夜，同樣地，自己也會在父母的同意下，邀請朋友到家裡來過夜。

因為是過夜，所以，在孩子沒有拿到駕照前（美國最低的駕駛年齡，由各州自行規定，通常為年滿十六歲），父母得接送孩子，因此，自然而然就認識了孩子的朋友，也認識孩子朋友的父母。何況孩子要到人家家過夜，當然要聯絡。我就因為我的女兒邀請她的同學來家裡過夜，而認識她的同學和父母；同樣地，在我接送女兒到朋友家時，也認識了她的同學和父母。

臺灣比較少有機會讓孩子到同學家過夜，但父母可以藉由參與班級的活動，像是家長會、懇親會等，而認識孩子的同學和父母。

認識孩子的同學朋友及其父母，是非常重要的。這就像買了保險一樣，至少父母之間可以互相切磋，了解孩子們的行為和動向。

除了認識孩子的朋友及他們的父母，也該認識孩子學校的老師，除了班級導師，也得認識科任教師，如此才能知道孩子在學校時的行為及學習狀況。

10 設限

設限，是教養的基礎。父母為孩子「設限」，目的是在協助孩子發展「自我控制」的能力和常識。

為青少年孩子訂定一個家規，例如，我的孩子在不同年紀時，晚上上床睡覺的時間也不一樣，小學是八點上床睡覺，國中是九點，高中則是十點。

美國羅德島州（Rhode Island）曾經以三千個高中生做調查，結果是每天晚上睡眠超過8個小時的高中生，他們的學習表現較好。

而睡眠的時間，又以晚上11點到早上8點最佳。

臺灣的國高中學校規定的到校時間，大致上是早上7點左右，若往前推，孩子6點就得起床，接著梳洗、換衣服、吃早餐，然後是交通時間。一個小時的準備，對多數人而言是須要的。若要睡足8小時，那麼，最遲是晚上10點就得上床。

我的兒子的高中，明定的到校時間是早上8點。而他只需走路穿過植物園，才五、六分鐘就能到學校。不過，他還是會遲到。這部分若回到青春期孩子的睡眠生理時鐘改變，是可以理解的。青少年的身體在抽長，他們一天睡8、9個小時也是必要的，再加上個人體質的差異，一天睡10個小時也大有可能。

雖然，我的兒子晚起床，而遲了到校時間，我還是堅持起床是他的責任，而非父母的。他是很個難起床的人，他一直是用五個鬧鐘，直到上大學還如此。

有的孩子因為體質關係，不是一躺下就能馬上入睡。他們需要一些時間醞釀睡意，睡眠時間也自然拖長了。

我規定孩子們上床睡覺的時間，是讓孩子養成早睡的習慣。對我來說，睡眠足夠是健康的基礎，包括身體和心理的。睡眠足夠不只是上課能專心聽講，記憶力好，而且情緒也比較穩定。

這樣的規定對整個家庭的好處很多，例如，父母也可以早睡，而且，若孩子和同學朋友有約，需提早離開現場，卻囿於青春期孩子的壓力時，孩子們就有正當的理由必須回家。這也降低了青少年晚上在外流連的機會。

但每個家庭有自己的法則和習慣，不必然家家要相同。父母若要訂定睡眠時間或門禁，可以和孩子討論，什麼時候是最恰當的。

我們家的生活方式簡單，孩子又沒有補習，所以，放學後，孩子除了流連書店外，就會回家。因此，我們沒有門禁，但有嚴格的上床睡覺規定，因為，睡眠是健康長大的基礎，是為了讓孩子健康成長的關鍵。

在青少年時期，給孩子訂定家規，對多數的家庭來說有其必要。

在訂定家規時，父母可以和孩子一起討論，怎麼訂規定？如何遵守？破壞規定的結果是如何？**給孩子的自由度愈高，孩子愈不會想要破壞紀律或規定**。

但每個家庭的規矩和需求都不一樣。在訂定規定時，一定要考慮到是否合宜？孩子做得到嗎？當然也要賞罰分明，盡可能以正向代替負向，多賞少罰。

畢竟，被處罰是很不舒服的。不舒服，就更想要叛逆了。

這是人性，青少年亦當如此。被罰多了，孩子不但自尊心下降，甚至不在乎自己，以為自己很爛，而放棄自己，那就得不償失了。

萬一需要處罰時，父母也要站穩立場，千萬不要因為孩子生氣，父母就退縮而妥協或投降。請記得，就像開車違規，被警察開罰單一樣，這是違規的後果。警察開罰單的目的是在幫助駕駛人遵守規則，是在保護駕駛人的生命。同樣地，父母在處罰破壞規定的孩子時，也是在保護孩子，及為他們奠定良好的行為準則。

在設定家規時，要簡單明了，如果規定了一大堆，青少年會忘的一乾二淨。**設立規定的原則如下：要「清楚」、要有「期待」、要能「運作」、要「公平」。**

以前我住的美國WR小城晚上有宵禁，宵禁的對象是未成年的孩子。晚上十點以後若有未成年的人在街上或戶外沒有大人陪同，那麼，警察有權將青少年逮捕到警察局。然後，警察會立刻電話通知父母前來領回，並請父母說明：為何讓青少年十點後還單獨在外。這對父母來說，是很難為情的事情。

約翰・羅斯門（John Rosemond）是美國的教養專家，他非常強調「宵禁」的必要。他說人在經歷青少年的過程中，一定會牽涉到6C，就是宵禁（Curfew）、錢（Cash）、汽車（Car）、群人相聚（Cohorts）、衝突（Conflict），以及後果（Consequences）。

我相信，沒有人喜歡宵禁（或門禁），所有的孩子不論到幾歲，都希望可以隨心所欲，想幾點上床就幾點睡。但宵禁（或門禁）對孩子學習自制和負責任，都有絕對的幫助。

11 接受孩子偶爾過癮一下

隨著追星的風潮，孩子們愛漂亮、愛時髦、愛追隨某些明星，或網路動漫和同儕影響，想要標新立異一下，要刺青、要染髮、要塗指甲油……，你該怎麼辦？

我的女兒在高中時，因為她的美國同學，有不少人都穿耳洞，而她也要和同儕看齊，就徵詢我的意見。我當時不以為然，還對她說：「穿耳洞會痛，沒照顧好有可能會細菌感染。穿了耳洞後，掛那些耳環，就像聖誕樹一樣……，妳有需要讓自己變成聖誕樹嗎？」

我的女兒還是穿耳洞了。我雖然傻眼，但又能如何？

後來，我當然還是接受了。

如果當初我不是立即反對，而是問她「為什麼要穿耳洞」、「穿耳洞的目的是什麼」，先聽她的說法，不直接給予意見，那麼，我還不必自打耳光。

把溝通的門打開，如果孩子不傷身體，在家玩玩，應該可以接受。例如染髮或塗指甲油，寒暑假或週末在家搞搞花招，沒什麼大不了，至少能讓孩子滿足想要過癮一下的心情。但如果是刺青，就是危險的事情，也許能允許他用紋身貼紙，或兩天就可以不見的皮膚彩繪，孩子玩過，就不至於整個心思都放在上面，還時時刻刻想要偷偷的做了。

12 要多擁抱孩子

孩子是青少年了，他們需要父母尊重他們，對待他們如大人，而非當他們是小孩，那意思表示他們長大了，獨立了。

但是，這不表示孩子不需要父母的愛、鼓勵和擁抱。一個輕輕的擁抱，或是緊擁入懷，你家青少年會感受到你對他濃厚的愛，他對自己的自信心也會更強。

因此，即便孩子做錯事，或惹你生氣了，還是要把事情和感情分開，**擁抱孩子一下，很多問題都會比較容易解決。**

13

支持孩子的興趣

父母支持孩子的興趣非常重要。孩子若喜歡畫圖，就鼓勵孩子畫圖；若孩子喜歡打球，就支持孩子打球，甚至，陪孩子打球。

也許，父母認為，若是支持孩子的興趣，那麼，他就不花心思在讀書和考試上了，怎麼辦？

我想，這是兩碼事。**支持孩子的興趣，不代表孩子就會忽略了當學生的責任。**甚至，**父母還要找出孩子和父母共同的興趣來**。這樣父母和孩子可以一起玩，例如象棋、爬山、跳舞、游泳……。

但是，如果興趣讓孩子的學業成績下滑，穿著改變，行為異常，連交朋友都往壞的方向去，父母就要注意了。

14

父母的教養要一致

有些夫妻在教養孩子時，喜歡一個扮黑臉，另一個扮白臉。表面上看起來，白臉讓孩子喘息一下，黑臉讓孩子守規矩，但其實這樣教養不一致，容易攪亂孩子對父母的感情，也混淆了教養的價值觀。

夫妻對孩子的教養一致，孩子就會知道，父母的底線在哪兒，而有所遵循。若遇到突發事件，夫妻來不及因應，可以告訴孩子：「請等一下，我需要和爸爸（媽媽）先談談，待會兒再和你說。」

夫妻平時要多溝通，對教養達成共識。另外，父母心情好和心情壞時，還是要教養一致，不能因為今天心情特別好，就容許青少年做原來不允許去做的事情。

不因心情變化，而讓教養不一致。這是父母必須遵守的教養法則。這點千萬要小心，我們都是人，很容易因為心情而自己破壞規定。

當孩子成為青少年時，爸爸的角色愈來愈重要，尤其在於教養這一塊，爸爸應該勇於擔任孩子模範的角色，陪孩子從事各種孩子喜歡的活動。

15 要誠實

父母老是要孩子誠實，但父母本身誠實嗎？孩子長大了，他們從學校的老師那兒學到更多，萬一老師教的和父母說的不一樣，他們會怎麼想呢？他們要不要再相信父母呢？

在美國，有不少的青少年會氣父母欺騙他們，說「這個世界上有聖誕老公公」的童話（小時候，他們都曾享受聖誕老公公的故事和禮物呢）。

父母是孩子的榜樣，不因孩子長大了，就改變。

因此，如果參加活動遲到了，明明還在車上，催促的手機響了，父母說：「就要到了，我們很靠近了。」但其實，可能還要一小時才到。

「如果是找爸爸的，就說爸爸不在家。」這是電話鈴聲響起時，不少父母想逃避而說的話。

這些事看在孩子眼裡，會遞減孩子對父母的信任，不可不慎。

孩子學習父母是隨時隨地的，包括在家裡和外面。青少年的他們更有自己的想法和觀察力，不再輕易的相信父母的片面之詞。

16 將死

碰到冥頑不靈或者特別刁蠻的青少年，做父母的不只是一個頭兩個大，好像使盡各種方法都不見效，有時候連心理諮商師也不管用。這時候，**要拋開各種專家的理論，以「有效」為原則**。

美國親子教養專家羅斯門七年級時，叛逆的他成績一塌糊塗，在課堂上搗亂，讓老師頭疼。有一天，他的媽媽接到老師的電話，告知羅斯門在學校的情況。

羅斯門的媽媽和繼父告訴他，老師打電話來的用意，以及叮嚀孩子的成績要進步。接著，他們說：「我們不會緊迫盯人的要你讀書，或調查你在學校的行為，一切你都要自己看著辦。」

又一次，老師要羅斯門的媽媽與繼父到學校開會。這次他們看到他的成績單是D和F。D在美國是60分，F是不及格。

從學校開會回來後，羅斯門的媽媽和繼父與他溝通：「學校要把你留級，但我們不同意。可是，如果你到學期結束，成績還不能拉上來，行為還沒有進步，那麼，我們同意學校把你留級，就是說，你要重新讀一次七年級。」

這件事嚇死羅斯門了。從此他開始願意做家庭作業，上課時一句話也不說，除非被老師點名。學期結束時，老師要羅斯門的家長再到學校開會，並拿出他的成績單給他們看——「全部及格」，而且，老師說：「他上課變得很專心聽講，也不再像過去那樣搗蛋了。」

幾十年後，羅斯門問他的媽媽和繼父，究竟那個事情的真相如何？他的繼父說：「你永遠不會知道真相。但那樣是『有效』的，不是嗎？」

在《陪孩子走一段青春路：別讓孩子成為不良少年》（Teen-proofing：Revolutionary Approach to Fostering Responsible Decision Making in Your Teenager）一書中，羅斯門提到好幾個故事。

有一個青少女非常的「宅」，宅到放學後就躲入房間裡，只有晚餐時出來，但也不和父母說話。她媽媽敲門想和女兒說話時，青少女態度惡劣，言語刺人。

有一次，這位青少女的父母在餐桌上聊天聊到開懷大笑，而她卻罵父母是「笨蛋」，就回自己的房間去了。

第二天，她放學回家，發現她房間的門不見了。青少女非常憤怒的「質問」父母，她的門到哪兒去了？還「命令」她的父母，立刻把門給裝回去。

她的媽媽說：「我們是『笨蛋』，就做笨蛋的事情。我們把門捐出去了。在一個月內，如果妳對我們的態度和行為改善，而我們也覺得滿意，妳就可以有一個門，但妳要自掏腰包買門。」

女孩憤怒到了極點，她的父母又說：「妳的一個月從六分鐘後開始。要怎樣憤怒，妳自己決定。」

接下來的一個月，青少女對父母不但禮貌和尊敬，而且還主動做家事。期限一到，女孩立刻要求父母幫她買門。

她的父母問她有多少錢。女孩說：「我有二十元。」

可是，一個門要五十元美金。女孩說，她不知道門那麼貴，又要生氣了。但父母提醒她，是她沒有問父母，也沒有問家具行門的價錢，那是她的責任。

「如果妳繼續對我們有禮貌又尊敬我們，還存夠買一個門的錢，我們會開車帶妳去買門。」她的父母說。

再一個月，女孩的房間果真有門了。現在，她不把自己關在房間裡，對父母的態度也變好了，還樂意做各種家事。

羅斯門夫婦有一次要出門前叮嚀女兒，「當天晚上要在家舉行派對，請先用吸塵器清潔家裡及打掃浴室」。女兒拒絕，還說她絕對不會去做那些事情。

羅斯門與太太回到家後，女兒果真沒有做。夫妻兩人什麼也沒說，一個吸地板，一個打掃浴室。這件事情看起來很平靜。

一個星期後，女兒對爸爸說，她要去參加朋友的派對，還要……。

當時，女兒最要好的朋友喬喜就在羅斯門家。因此，他和女兒說：「我們得私底下談談。」

「喬喜是我最要好的朋友，在她面前說無妨。」羅斯門的女兒說。於是，羅斯門說出女兒上星期沒依父母吩咐吸塵和打掃浴室，所以，今天不能去參加派對。

他的女兒大聲抗議，說這是她三天前就做的決定，她非常期待要去參加派對。憤怒的女兒依然開車要去參加派對。只是車子開出去後又倒回來，還奮力的甩門。

後來羅斯門才知道，女兒沒有去參加派對，是因為喬喜告訴她：「妳沒有打掃浴室和吸塵，妳的爸爸就不讓妳參加派對。那麼，如果妳今天去參加派對，妳的後果可能會更慘重。」

還有一位青少年在父母買車給他前，與父母約定，遵守所有開車的規則，包括成績要進步，不能喝酒吸毒，不能給別人開……。六個月後，孩子交了一些看起來不三不四的朋友，那對父母叮嚀兒子，他們不喜歡那些人，並要兒子小心。

不料，那位青少年對父母說：「你們沒有權力干預我交朋友的事情。」於是，父母再次叮嚀，要小心。

接著，青少年成績從A，變成B，再滑落到C，一路下降。兒子的穿著打扮改變了，對父母的態度也不尊敬和不禮貌了。有天，爸爸發現兒子衣服上有毒品的味道，車子裡也找到毒品。兒子為自己辯白，說那不是他的……。

總之，隔天當少年一如往常要開車去高中時，車子不見了。「從現在起，你可以打工賺錢，存錢自己買車。但若你成績沒進步，態度沒改善，沒遠離那些人，就算你存夠錢，我還是不允許你買。」原來，是爸爸將車子賣掉了。

這幾個小故事用的方法是「將死」，就是下棋時，當國王（或將軍）被圍攻時用的方法。除了將死，還可以搭配「放長線釣大魚」，讓青少年上鉤。

要運用「將死」，父母的態度要好，說話聲調不能高，要理性冷靜的說，但要堅持自己的決定，不能妥協。這樣，被圍攻的國王（或將軍），才可以突圍。

父母的禁忌

當父母總有一些「禁忌」，這些禁忌並不是指「迷信」。

在家有青少年時，我更要特別強調，父母的某些禁忌。禁忌的意思，就是「不要去做」啦。換句話說，觸碰禁忌，會把自己搞得灰頭土臉，而且還可能兩（你與你家的青少年）敗俱傷，對誰都沒有好處。既然對誰都沒好處，還去碰，那不是搬石頭砸自己的腳嗎？

禁忌真的那麼重要？沒錯，如果沒搞清楚什麼是禁忌，你可能變得很白目。

那麼，究竟父母有什麼禁忌呢？就讓我們來瞧瞧吧！

01 不准……！

父母禁忌的第一條，千萬別說「不准」。

「『不准』外出！」聽了沒？

「『不准』看電視！」聽了沒？

「『不准』交男（女）朋友！」聽了沒？

「『不准』……！」聽了沒？

「不准……」的下場，碰到正在叛逆的青少年，聽到耳朵裡，就變成「你要……」了。而且，這還是致命吸引力，本來沒有想到要這樣做的，居然被父母的「不准」給提醒了。

當爸爸媽媽對青少年說「不准」時，你家的孩子就暴跳如雷，立即把你當成頭號敵人，而且還要全力反撲，硬是要對幹。

我的孩子差不多在國中時期，當然也是叛逆的青少年。

這個時候的孩子，不但討厭父母要他們做什麼，也討厭父母不要他們做什麼。他們還討厭父母幫他們做決定，即使那些決定對他們真的很好，無奈青少年頭腦還沒有長到那兒，好的也變成壞的。

所以，每次我從書店提了整整一大袋的書回到家，我就把整大袋的書，在孩子面前有意無意的抖一抖，然後，很嚴肅的對他們說：「我花了幾千元（臺幣）買這些書，那是我的錢買的，我擁有第一優先的閱讀權力。」

「我要警告你們，在我沒有把這些書閱讀完之前，你們兄妹都『不准』動我的書的腦筋。誰都不准！」

說完，我就把書放在我房間的床頭，那是我看書的地方。

一段時間過去。表面上，我的書，完好如初，而且排列順序也沒有更動。但從和孩子聊天中，我就發覺，他們都已經讀了我買的書。

那時候，我就故做生氣的說：「你們是不是偷拿我的書了？是不是偷讀了？我可說過的，我沒有讀完之前，任何人都不能拿去讀。」

這時候，兄妹兩人就得意洋洋的說：「哈哈！我們早就全部讀完了。誰叫妳讀書的速度那麼慢！」

你愈禁，孩子就愈想要闖。你愈說「不准」，孩子就更想去做了。因此，如果你常對孩子說「不准」，你會發現，那些「不准」，剛好呈現反作用。

下次，你要對青少年說「不准」時，請先暫停一下。如果真的要說，最好詳細解釋一下為什麼。想想看，就算你的父母「不准」你怎麼樣，若你真想要怎麼樣，你還是會突破重重困難去做的，不是嗎？

若你以為你「不准」，孩子就乖乖的奉行不悖，你也太理想化了吧！

02 天下無不是的父母？

千萬別上「天下無不是的父母」的當啊，自以為當父母了，就什麼都是對的。

天下的父母，在「教養」的這條路上，隨時都在犯錯。畢竟，父母也是人，既然是人，怎麼可能不犯錯呢！所以，**如果犯錯了，就直接地、坦然地承認錯誤，並且記得向孩子道歉**。

我就對我的子女說：「如果你們指出我在教養你們時，曾經犯的錯，我概括承受，並且會立刻向你們道歉。」

「不過，我也要請求你們的原諒。我很愛你們，也用心的在做教養這件事，希望幫助你們成為更好、更獨立的人，將來可以好好生活。但你們也知道，『**教養**』**是件很困難的事情，很難不犯錯**。」

有一位少年就告訴我：「大人總以為他們都是對的。」

「有一次，我們全家一起到德國旅行。回到桃園機場時，我們在行李提領處等待行李。我的父母拿了看起來和我家的行李很像的行李上推車，我看到了，知道那不是我家的行李，就提醒他們，我注意到這個錯誤。可是，也許當時我們都累了，我的父母只想趕緊回家。

回到家，果然是我們拿錯了。行李主人專程開車到我家來換行李。我還記得那個人不斷的抱怨，因為我們的錯誤，讓他多花很多冤枉時間，造成他的不便。」

還有一位國中生告訴我，大人都不認錯，做錯了，也不道歉。

看，現在的青少年，他們可不放過父母一丁點的錯誤。他們牢牢記住，而且，可能幾十年都不會忘記。

我把「天下無不是的父母」，列為教養孩子的第二條禁忌，因為那是父母最常犯的錯誤之一。

03 嘮叨

我們都心知肚明，**「嘮叨」是最沒有效的教養方法**。可是，很多父母都忍不住要對青少年嘮叨。

青少年不聽父母的話，除了要獨立，要有自己的想法外，有些青少年是受不了父母的「嘮叨」。想想看，青少年從小一路聽父母說同樣的話到大，他們早就耳熟能詳了，何必要重複說個不停呢？

如果念經（嘮叨）有用，那麼，怎麼需要不斷地重複那些話呢？

有時候，我對我的女兒說話，她會告訴我：「媽媽，這是第二次妳說這樣的話了！」言下之意是，要我「閉嘴」。

啊！才說第二次，就要我閉嘴。你說，第三次如何？第十次又怎樣？

與其「嘮叨」，不如說重點，簡短而有效。

04

說的多，聽的少

「說話」和「聽話」，就像雙胞胎一樣，緊緊相連。

孩子還小時，總是一直想告訴父母些什麼，可是，父母很忙，忙著事業，忙著家事，忙著社交……，忙個沒完沒了，我們嘴上說「聽到了」，但是，其實沒有真正的聽進去。後來，孩子漸漸長大，對我們說的，愈說愈短，尤其到青春期時，本來就不愛對父母開口的，現在更像是嘴巴的拉鍊緊緊拉上了一般。

我們常要青少年「聽話」，但是，我們自己可能就沒有「聽話」。

千萬別相信「囝仔人有耳嘸嘴」的諺語。如果你家青少年有話說，你最好是放下手中的工作，準備好「傾聽」。如果場所不是太方便，可以邀孩子一起散步，邊散步邊聽孩子說話。這樣一舉兩得，既聽孩子說話，還能散步運動，多好。

另外，聽孩子說話時，最好問問「你的想法如何」、「這事你怎麼想」。

要對青少年的孩子說話，最好是把句子說的愈短愈好。說長了，孩子聽不進去，說短了，至少孩子還可以想一想。

要能「長話短說」，又要說的清楚，很不容易。這得要做好濃縮的工作，可以在事前預習一下。如果怕忘記了要和孩子說的重點，不妨就像學生上臺報告，或節目的主持人一樣，用字卡記下來。

05 批評青少年的朋友

對青少年來說，朋友是最重要的。青少年最擔心無法融入他的同儕團體裡。他們也害怕不被同儕接納。因此，孩子帶朋友到家裡來（或在其他遇得到孩子朋友的狀況下），父母的禁忌是「不要去批評孩子的朋友」。

就算你很不喜歡孩子的朋友，看對方不順眼，你還是得忍下來，當個大人，好好的接待孩子的朋友，並且和對方話家常。

青少年非常的敏感，對於屬於自己的一切，都相當敏感，尤其是那些批評他們的話。你批評他的穿著，他記恨。你批評他的髮型，他也記恨。這些小事都可以記恨了，想想看，他最在乎的是朋友的認同，這下子你批評了他的朋友，還得了？

當然，也不要對孩子的朋友打破沙鍋問到底，好像人家一來，自己就變成檢察官，要把人家的家世底細都挖個清楚才罷休。也別打斷孩子和他的朋友談話。

當父母的人，都想要保護自己的孩子不要交到壞朋友，因此，會太過心急，看到人家吊兒郎噹，又一副不禮貌的樣子，就要腦充血，忍不住拋出意見。

這是嚴重的禁忌，你一定要記住。不相信的話，你試試看，你家的青少年立刻會給你臉色瞧瞧，也許就一星期不和你說話，或者更嚴重的後果都有可能。這樣不值得嘛，對吧！

最近我看了一部電影——《激樂人心》（Get On Up），這是「靈魂樂之父」詹姆斯・布朗（James Brown）的傳記。布朗曾經因搶劫而入監服刑，這段期間他認識了鮑比這個年輕人，和鮑比帶到監獄表演的樂團。

兩人一見面，談音樂談到欲罷不能，就因為這樣而結緣。布朗假釋時，無處可去，鮑比就帶他回家。鮑比的媽媽看到剛出獄的布朗一副邋遢的樣子，就拒絕讓他在家裡住下來。

當時，鮑比問媽媽：「從小妳就教我要仁慈，可是，現在妳怎麼就不仁慈？」

鮑比的媽媽愣住了，原來兒子都把媽媽的話聽進去了，還去執行。後來，鮑比媽媽不再反對，布朗就借住在鮑比的家。兩人的音樂生命，從此拉開了美國音樂史上的一段新旅程，也影響了全世界的音樂走向。

布朗後來成為靈魂樂之父，還被公認是美國秀場上，最賣力的音樂工作者，他的音樂對現代流行樂影響很大。鮑比當然也跟著布朗一起工作，直到晚年。

當父母的人，都怕孩子交到壞朋友，被朋友影響了。可是，孩子也可能影響朋友，拉朋友一把呢！

從「鮑比質問媽媽的仁慈」這件事，代表的也是，青少年會注意父母是否言行一致，所以要格外小心呢！

06 音量太高

這幾年，在公共場所，我發覺臺灣進步了很多，尤其是說話的音量，降低了。青少年就是那麼敏感，那麼容易感到尷尬。因此，父母對他們說話時，音量一定要降低，尤其是在說他個人的事情時，最好能低到只有他一個人聽得到。

在家如此，在外更甚。你知道嗎？青少年很在乎別人對自己的看法。而把說話的音量降低，事實上是文明的表現。

下一次，當你要和你的孩子說話時，走近他，低聲的說。如果現場太吵，不妨離開現場，找一個僻靜的地方說。

說話音量高，有時候不免讓對方有被斥責的感覺。而斥責，當然也不舒服囉！青少年的敵意，可能就因斥責而圍攻上來。

07 比較心態

「你看，你哥哥都自動自發把功課做好，考試成績也那麼好，哪像你……。」

「你妹妹多麼的乖巧啊！從來就不會頂嘴，不像你……。」

這些是很熟悉的話吧，我想，你也不陌生才對。

如果把這樣的比較語言，換一下對象，這次不是父母說的，而是青少年說的。

「高伯伯生意做的那麼好，賺那麼多錢，還溫文儒雅，哪像你……。」

「朱阿姨氣質好，說話輕聲細語，滿腹學問，卻那麼謙虛，不像你……。」

我用這樣立場交換的方式來做比較，你就一目了然了吧。**被拿來「比較」的感覺，其實挺不舒服的**，對不對？

請記住，每個青少年都是獨一無二的，都有其個人特色和聰明才智，他就是屬於他自己，父母不能也無法拿他來和兄弟姐妹或其他人相比。

就像洋蔥和蘋果，各有特色，你能拿蘋果和洋蔥相比嗎？就算是蘋果好了，蘋果的種類也很多（已知品種超過7500種），你能拿富士蘋果和青森蘋果相比嗎？

「比較心態」其實是社會文化的濃縮。如果你有這種心態，並不是你的錯。實在是整個社會都習慣比較，讓比較成為文化。但比較是一種殺人的行為，是蔓延式的殺法，讓每個人不能安然的做自己，只因別人也愛比來比去。

比較，會激起衝突。即便那不是你的錯，還是從自己開始，停止比較，心態上會比較坦然和健康。

說個小故事，當年胡適到美國攻讀博士時，最初他讀的是農業，後來他改讀哲學去了。原因就是分不出蘋果來。

胡適在博士班的第一堂課，教授給了很多品種的蘋果，要學生認出那些是什麼樣的蘋果，還要說出那些蘋果的特色。

胡適只知道「它們就是蘋果」而已，他從來不知道蘋果的品種有那麼多。他自知不是從小就吃蘋果長大的美國學生的對手，於是趕緊落跑。

一生中拿了36個博士學位的胡適都被蘋果打敗了，你怎麼能拿你家的青少年和別人相比哩？

08

賄賂孩子

「如果你考一百分，媽媽就給你一百元。」這算不算是賄賂？

一位少年告訴我，他的同學才考了一次八十分，同學的爸爸媽媽就趕緊買給他幾萬元的電子產品。

賄賂孩子，會有後遺症的。

我們必須為孩子建立一些觀念，例如：

▼讀書，是「為自己」而讀。

▼工作，是「為自己」而做。

▼賺錢，是「為自己」而賺。

▼玩樂，是「為自己」而玩。

既然讀書是「為自己」而讀，學問是「為自己」而爭取……，那麼，父母為什麼還需要去賄賂孩子？

如果需要賄賂，孩子才願意去做，那麼，這樣的做，這樣的讀書，不會是長期性的，不會是自發性的，當然就一點也不牢靠了。

下次，若你還想要賄賂孩子，何妨思考一下，「賄賂孩子，究竟是愛孩子，還是害孩子」？

09
直升機父母

我說，美國有愈來愈多的「直升機父母」，孩子到哪兒，父母就飛去哪兒，試圖給孩子全方位的照顧。B立刻說，臺灣的直升機父母，才更是「比比皆是」。

因為比比皆是，所以，我們以為那是父母該做的事，該有的態度。如果沒有這樣做，心底還要忐忑難安，覺得有虧父母職守。

「直升機父母」到後來連孩子找工作時，都要和孩子的老闆談一談。你說，孩子的工作機會，是不是就因此被這樣的父母給剝奪了。哪個公司願意錄用「直升機父母」的孩子來工作呢？那麼，公司的人事費用，是不是會倍數成長？

「直升機父母」（Helicopter Parents）一詞是從美國來的，是指一些父母不放心孩子長大，無時無刻的盤旋守望，給予無微不至的照顧，因而得到這樣的稱呼。

10 寵溺和過度保護

「我的一位國中同學，已經上國一了，還不會自己綁鞋帶，被同學笑死了。」一位少年這樣告訴我。

不會吧，臺灣有父母連孩子上國中了，還要幫忙綁鞋帶？太不可思議了。

最近，我的一位美國朋友的孩子結婚了，對象是印度裔的美籍癌症醫生的兒子。癌症醫生家裡環境很富裕，新郎告訴我，那個婚禮花了四百萬美金，差不多等於一億兩千萬臺幣。我不敢置信，有人會為了孩子的婚禮花這麼多錢。

新娘子則是在美國很一般的家庭中長大的，她從小就會下廚做菜，什麼事情都得自己做。而她的新婚丈夫在看到妻子做菜時，覺得難以想像。新娘子告訴我，她的丈夫什麼家事都不會做，因為都是家裡僕人做的。

新郎的爸爸錢賺得很多，加上印度社會挺愛和人比較，當然不能和其他人的婚禮一樣，他們的婚禮上就要來點與眾不同的。因此，花那麼多錢，就是為了面子。

其實，新娘子私底下告訴我，她也覺得為一場婚禮而砸下這麼多的錢，是不可思議，也不值得的。

寵孩子，在表面上是非常愛孩子。但愛孩子，其實和寵孩子不同。**父母愛孩子，是要教導他們各樣的能力，讓他們能夠獨立。**

可是，**孩子該有的能力，是從生活小事而來。**如果沒有親自去做，怎麼學得會呢？如果沒有常常練習，能做得好嗎？就像孩子剛開始學算數：2＋2＝4，你以為孩子算一次就會了嗎？

沒有。2＋2＝4，是要學很久的。同樣的，孩子的生活能力，也是一點一點累積起來的。現在寵孩子，孩子將來什麼事情都不會做，那麼，可能連生存能力都薄弱了。何況，家裡實在太舒服了，長大後，搞不好也不願意搬出去。

這樣，是不是父母就要繼續被「啃」下去？「啃老族」不就是這麼而來的嗎？現在我們努力的教孩子獨立，目的就是讓孩子將來具有獨立生存的能力，這樣我們才不會被孩子拖累一生。

「寵孩子」和「過度保護」，其實就是「啃老族」的養成班，不是嗎？

身為青少年的B就告訴我，臺灣現在有許多「啃老族」。他還說：「臺灣的爸爸媽媽就是願意被成年的孩子『啃』啊！」

11 代勞

我的女兒上高一時，我特地從臺灣飛到美國陪她。開學的第一天，早上六點，我起床為我的女兒張羅早餐，沒想到她對我說：「媽媽，早餐的事情我自己會料理。妳不要那麼像臺灣的媽媽好嗎？」

「我自己能做的，妳就不要幫我做。」這是女兒送給我這個當媽媽的，**第一個親子教養課的巴掌**，至今難忘。

我的女兒上大學了，住校，也買大學餐廳的三餐。每次放假回家，她就抱怨，大學食堂的食物多難吃，吃了讓她肚子痛。

於是，我為她滷了一些食物，想讓女兒帶回宿舍，心裡想，這樣至少可以不再讓她肚子痛，吃到吐。

而**第二個親子教養課的巴掌**，就是這樣來的。

「我的美國同學中，沒有人的媽媽給他們做食物帶到學校的。妳不要那麼像臺灣的媽媽好不好？」原來，當一個環境中，大家都獨立，都沒有媽媽在後面撐腰，唯獨我還為她烹飪食物時，居然讓她感覺——自己不如人。

若是一個環境中，大家都這樣，就習以為常了。我的意思是，每個媽媽都讓青少年自己來，唯獨你以為媽媽的貼心，是為青少年好時，你就是麻煩的製造者。

我的女兒解決用餐困擾的方法是，乾脆自己帶了鍋鏟和做菜用具到大學宿舍，自己買菜，也自己下廚。美國大學的宿舍有公共廚房，還有冰箱。

後來女兒抱怨，她的食材放在公用冰箱被偷了。她解決的方法是，買一個小型冰箱放在自己的宿舍房間裡。接著，還買了微波爐。

不論解決的方法如何，如果自己能做的，自己做了，會有成就感，就會覺得自己很棒。例如做功課、考高分、整理房間、裝便當、挑選衣服。

那樣的成就感，連帶讓青少年的自尊心更高。父母代勞的結果，不但讓自己更累，也影響了青少年對自己的肯定與認同，得不償失。

12 鉅細靡遺

凡事都要鉅細靡遺，連細節都要交代清楚，這樣，父母辛苦，青少年也難熬。**給個大方向和原則，其他細節的部分，讓青少年自己發揮就行了**。父母要掌握的就是「方向」和「原則」，只要這樣，就夠了。

小時候，你可能會給孩子寫一條一條的事情清單，例如，孩子要出遠門了，牙膏、牙刷、毛巾……，什麼都條例清楚了，孩子對照一下，就了然。

當孩子成為青少年，還需要這樣鉅細靡遺嗎？好像沒有必要。讓青少年自己去摸索，第一次少了什麼，第二次就記得了，不是嗎？

錯誤是最好的老師。**從錯誤中學習，是青少年最寶貴的人生經驗**。當父母的人，可千萬別因為怕孩子犯錯，而剝奪他們從自己錯誤中學習的經驗。

13

控制孩子

父母絕對不可能控制孩子，當父母一定要認清這一點。

安排青少年所有的時間和行程，表面上看來，青少年就沒有空去胡思亂想，就不會喊無聊，那是孩子還小時，父母這麼做，也許還可以。但青少年長大了，有自己的朋友，還有自己的計畫，也有自己的世界要探險，如果父母安頓了一切，青少年會覺得被父母控制。

父母可能控制青少年嗎？當然不可能。控制，是心理害怕，才會想控制。

14 掩耳盜鈴

每次看到電視上的新聞報導，涉案人的父母（家長）通常會說：「那一定不是我的孩子做的。我的孩子平常很乖，我的孩子才不會……。」

有一次，我帶A、B和C到Ocmulgee（奧克馬爾基）河去游泳。Ocmulgee河是我居住的小鎮通向大西洋的河流，以前專門運送棉花等農作物。如今，河流淤沙了，有些地方淺的只到膝蓋。

我就是挑選那樣的地方讓少年們游泳的，因為水只到膝蓋，非常安全。而且，兩個大人注意著三位少年的玩水狀況，安全無虞。

那天，大家都玩得很開心。

事後，其中一位少年對我說，他給在臺灣的媽媽寫了信，說我們當天在「湖」裡游泳。我問他，「為什麼要把『河』說成是『湖』呢？」

「湖，聽起來感覺比較安全。河，感覺就危險多了。媽媽通常會比較愛聽她的孩子在湖裡游泳，而不是在河裡游泳。」天啊！我一聽立刻明白了。他真是體貼父母的孩子，他知道媽媽擔心的是什麼。

從那樣的體貼，另一面，我們也知道，這就是青少年知道如何「過濾」要對父母說的話。他們很聰明，知道父母喜歡聽什麼，父母只相信他們所相信的。所以，青少年就挑父母愛的，說了。挑父母信的，說了。其他的，父母不喜歡的，父母不相信的，他們就絕口不提。

青少年懂得篩選資訊，什麼資訊是爸爸媽媽要的，什麼是他們不要的。就像是電視臺、報社的編輯，上新聞時，多少都要斟酌一下，過濾出觀眾想看的。

青少年說：「就算你說了，爸爸媽媽不聽的，他們也不相信。所以，白說啦。那麼就乾脆說他們要聽的，他們相信的說，大家都省事。」

既然父母聽不進真話，青少年為了取悅父母，當然也就不說真話了。《天才老爹》的影集中，考斯比在幾十年後，才對媽媽說真話，事情早過去了，媽媽卻還生氣。你說，不「掩耳盜鈴」，這是多麼大的人性挑戰啊！

危險區

青春期的孩子，情緒起伏大，外界的誘惑多，有時候，孩子的抵抗力弱，難以對抗。以下說的是一些危險的訊號，當父母的人，務必要提高警覺。

在《你家青少年不會告訴你的七件事》（7 Things Your Teenager Won't Tell You）一書中，作者李品克（Jenifer Marshall Lippincott）和杜神（Robin M. Deutsch）博士在談到大腦邊緣系統時，就主張父母應該知道，青少年因為頭腦還沒有發展完全，所以，他們分辨對或錯、危險或安全、朋友或敵人的能力匱乏，對於多重選擇的能力也不足。

也是因為這樣，青春期的孩子踩在地雷上的機會比大人多很多。萬一你家的青少年有以下列舉的狀況時，千萬別氣急敗壞的對著他破口大罵，也不要態度堅硬。請記得，你是父母，也是他的朋友，但你的角色超越朋友。你的目的是要協助他，要陪他走人生最艱困的模稜兩可的歲月。因此，請務必要冷靜下來。**聽聽孩子的心聲，為什麼他要那要做**？如果必要，請找專業人員協助。

布萊德里（Michael Bradley）在他的書，《是的，你家青少年在抓狂》（Yes, Your Teen is Crazy）一書中，以警察開超速罰單為例，來比喻當父母的人。到底開罰單要怎麼開最有效，同時，最好要能達到教育的目的。

第一個警察攔下了你，態度強硬，措辭惡劣，開罰單時，把你罵一頓。你心裡很不爽，你氣到也許想要揍警察一頓，以解除你心中的憤怒。

第二個警察攔下了你，態度溫和，他說：「對不起，攔下你。我相信，你的家人寧願你晚點到，也不願你因超速而受傷。我也希望你是平平安安的回到家。」

邊開罰單，這位警察邊說：「喔！前面不遠處，文化路正在施工，那兒交通堵塞嚴重。如果你繞道走中山路，速度會快一點。」

最後，警察還說：「祝福你開車順利，心情愉快。」

你說，兩位警察同樣都是開你罰單，而你對他們的感覺肯定是完全不同。你會喜歡哪一個開罰單的方式呢？

話再說回來，難道第二個警察是天生就這麼體貼，懂得處理領罰單的駕駛人的心情？布萊德里說：「這當然不是天生的，他是經過很多專業的訓練，才能做到這樣。這就像當父母的，也是要經過很多訓練，才會做得好，尤其，當碰到一些意外狀況時，更得如此。」

現在，請你選擇當第二個警察。你要拉孩子一把，態度得溫和，既表達了你的愛和關心，也用時間和用心陪他們走這段叉路，而非數落。**譴責會增加孩子內疚感，不如接納孩子選的叉路，陪伴他們一起走。**

我喜歡美國教養專家羅斯門說的一句話：「好的教養是，『當孩子犯錯時，你還是在做對的事情』。」

再強調一次，犯錯的青少年需要的是，你的陪伴和溫暖，需要你的接納，不是譴責或數落，甚至諷刺。

01 抽菸

這幾年，我發現臺灣青少年抽菸的人口增加迅速，巷口、商店、走在路上、騎機車時，都可以看到青少年抽菸的景象。而且，抽菸不分性別，青少女抽菸的比例也上升相當迅速。

從〈都是5%惹的禍〉（P.68）可知青少年大腦尚未發展完全，而「尼古丁」影響人腦很多，對青少年的傷害比大人更大。

有一個以老鼠為實驗體的吸菸研究，在為白老鼠注射尼古丁兩星期後，不只成年母老鼠對尼古丁的接受度大增（**那是尼古丁上癮的訊號**），也更容易想睡覺（精神變差）了。同時，母老鼠的頭腦裡還降低生產兩種化學物質——多巴胺和正腎上腺素。當人腦降低了多巴胺和正腎上腺素的生成，就會讓人抑鬱。

研究也顯示，**青少年的頭腦正在發展階段，尚未成熟，他們對尼古丁（香菸）上癮會比成人更深，也更難戒除。**

我在美國大學曾修一門課，叫做「有機化學」。有機化學課中，在談到物質時表示，香菸含有超過四千種以上的物質。這也是為什麼香菸和很多種癌症都牽扯上關係的原因，尤其更是肺癌的原凶。

至於，抽菸、喝酒、吸毒，直接且嚴重的傷害青少年身心，父母該如何處理？

當然，父母要先了解，「為什麼青少年想要抽菸、喝酒或吸毒」。以下是很多心理學家，針對青少年抽菸、喝酒、吸毒的行為研究後，歸納出的原因。

▼同儕的壓力

▼看起來很酷

▼為了反抗規定

▼看起來好像更成熟

在了解了青少年的思維後，**父母可以用例子來和孩子溝通**，而不是直接說：「不行，你絕對不准抽菸。難道你不知道抽菸對身體不好嗎？還有很多癌症都和抽菸有關係耶！」

父母愈說「不准」、「不行」，對正在反叛期的孩子誘惑力更強。（P.179）因此，不妨找一些例子給孩子看，例如，和孩子一起看電影《國王與我》。看完電影後，問問孩子，尤・伯連納演的怎麼樣？喜歡他的演技和跳舞嗎？然後，告訴孩子，尤・伯連納死於肺癌，就是抽菸的關係。並且讓孩子知道，尤・伯連納罹癌後，積極加入反菸行列，還拍廣告，以自身經驗勸人戒菸，因為他也飽受抽菸所害。

有一年，我在臺灣的家接待了一個美國高中生布連顛，他到臺灣的高中擔任交換學生。有一次，布連顛放學後，在學校附近的公車站等車，要回我家。等車時，布連顛無聊，就順手抽起菸來，被老師發現了，立刻警告他：「不准抽菸。」

不只這樣，那所高中的校長還打電話找我到學校開會。布連顛待在我家時並沒有抽菸。那當下，我真不知道該如何處理。

布連顛個子長得很高，大約一九〇公分以上。在家裡時，他不是閱讀，就和我聊天，要不然就到鄰居家串門子，是個很有禮貌的孩子，我非常喜歡他。他和在美國的父母及女朋友聯絡得非常勤，常講電話，看起來沒什麼異樣。

有一次放學，布連顛回來晚了，我看到他長長的脖子上有兩個中文字刺青，左邊是「愛」，右邊是「家」。我想，完蛋了，學校管這麼嚴，這下大概會被退學。

果然，校方十萬火急，找我到學校開了幾次會，要我帶布連顛去把那些刺青消除。可我想到脖子的血管非常細小，這種做法很危險，為了他的生命安全，我不能答應那樣做。後來，布連顛被那所高中開除了。

布連顛在美國時就有嚴重的憂鬱症。在臺灣，我一直沒有發現他有憂鬱症傾向，只知道他需要和父母及女朋友很勤的通電話，每個月的國際電話費都非常可觀。在刺青事件後，因為學校緊迫盯人，他的憂鬱症立刻浮現。

究竟布連顛是先有憂鬱症，才抽菸，或是抽菸後導致憂鬱症的發生，我無從知道。不過實驗顯示，抽菸確實會引起抑鬱，也就是憂鬱，這是沒有疑慮的。而且，抽菸也會導致體力變差。但抽菸和憂鬱症之間，究竟是先有雞，還是先有蛋，爭議一直不斷。

抽菸、喝酒、吸毒，連結到性、暴力、懷孕，關係非常的複雜。**父母當然需要站穩立場，堅持對孩子說「不」！**

青少年才十幾歲，他們不懂「上癮」的真正意思。他們無法想像，上癮會跟著人一輩子，會影響自己的人生。而當他們已經上癮後，他們可能又覺得自己是沒有希望戒除成功。

因此，父母可以找些戒菸成功的例子給青少年，例如孫越叔叔，或其他你想像得到的人物。從那些例子，讓孩子了解，原來真的有希望可以戒菸成功。

美國的一個天主教聖阿迦沙教堂（St. Agatha Church）的艾爾門神父（Father Matt Eyerman）在幫助青少年戒菸上的做法是，「教青少年如何辨別好的決定與不好的決定」，就是想一想，是什麼讓你活著。

他用兩張桌子，一個桌子是好的決定，另外一個桌子是壞的決定。

壞的決定的桌子上，擺的是香菸、裝酒精飲料的瓶子和啤酒。好的決定的桌子上，擺的是瓶裝的水。

參與的青少年反應是：就「一瓶水」？一點兒也不吸引人。他們覺得壞的決定桌子上的那些東西比較吸引人。

這時候，艾神父就告訴青少年，那「一瓶水」可以讓你活著。而壞的決定的桌子上的那些東西會傷害你（甚至要了你的命）。

艾神父還說，這還不足以解釋上癮的危險，他說：「**統計沒有用，但討論有效。**」因此，和你家的青少年討論，比看一些統計數字和圖表的作用更大。

《世代危險》（Generation Risk）的作者牛頓（Corky Newton）在該書中指出，青少年需要朋友，也看重朋友，為此，**教孩子如何拒絕同儕吸菸、喝酒或吸毒的邀請，卻仍然可以保有友誼，比教孩子遠離吸菸、喝酒、吸毒的朋友更具效力。**

做法可以是這樣：

「來一根香菸吧？」吸菸朋友說。

「我不抽菸。」教孩子這樣回答。

「幹嘛，你是怕你媽媽逮到你抽菸嗎？」吸菸朋友說。

「我不抽菸。」教孩子繼續回答同樣的話。

「你怎麼搞的。難道你不想成為我們這群的伙伴之一嗎？」吸菸朋友說。

「我當然想和大家一夥，但我不抽菸。」教孩子表明交朋友可以，但不抽菸。

這樣的方法，可以沿用到喝酒和吸毒的邀約上，不論對方怎麼慫恿激將，只要堅持，我不喝酒，我不吸毒就是。要在同儕面前說這樣的話，需要很大的勇氣。所以在家要常常的練習，不斷的練習，這是很重要的。

如果你是吸菸者，怎麼辦？

牛頓指出，如果你是吸菸的父母，不必然你的孩子也會抽菸。你可以選擇戒菸，或者誠實的對孩子說，自己為什麼抽菸。並告訴孩子，如果他真要抽菸，就等到成年時才做決定。

02

喝酒

酒精，在青少年的聚會中，也是不可避免的催情激素。

在一個研究中發現，酒精對青少年老鼠的大腦傷害比成人老鼠更大，尤其是更容易上癮，並且會直接傷害到記憶的部分。

使用酒精會干擾到大腦裡海馬體（Hippocampus）的發展。而海馬體在人腦裡負責長期記憶的職責，酒精會縮減海馬體的大小，長期記憶就變弱了。記憶變弱，讀書的效果就變差了。人腦的長期記憶一旦減退，很多事物都將受到影響。酒精也會讓人被錯誤訊息控制，以致開車危險。這就是為什麼警察要執行駕駛酒精測驗的關係。

酒精對青少年的傷害更大更多，還連結到對行為的影響。

2014年三月，我的小學同學帶我去彰化參加她朋友孩子的結婚喜宴。同桌有一個媽媽，帶著她的兩個青少年孩子猛喝紅酒，一杯接著一杯。酒席中途，其中一個孩子醉倒在餐桌上。

我猜，那位媽媽一定不知道酒精對青少年的腦部傷害，才會那麼做。美國的大學雖然開放，但一旦未滿21歲的學生在校園喝酒被抓到，很有可能被逐出校門呢！而臺灣卻有媽媽帶著青少年孩子喝酒，顯然的是，我們要教育大人，酒精和人腦的關係，以及酒精對青少年的影響。

03 吸毒

我一直不希望說這個故事，但若這個故事可以幫助青少年和父母遠離毒品，我還是非說不可。

我的一個親戚，有兩個兒子。他們住在鄉下，都是很善良淳樸的人。鄉村，看起來是很單純，不過表面平靜，卻波潮洶湧。因為，毒品偷偷的在村莊角落出現。

這兩個兄弟，都在青春期時，受到村人的蠱惑，開始吸毒。年幼無知的兄弟，從此，墜入毒品的漩渦，無法自拔。他們進進出出毒品勒戒所多次，也許是毒癮太深，勒戒沒有在他們身上出現效果。

其中一個，前幾年終因毒隱太深，吸毒致死，留下太太和幾個孩子。而另一個則長期被關在監獄中，罪狀是吸毒又販毒。

青少年父母要提防的是，**毒品不只是在不良場所才會出現，甚至在環境最單純的地方，也蠢蠢欲動。**

根據美國教養專家羅斯門的話，父母無力影響孩子是否接觸毒品，唯有孩子自己才能抵擋毒品的誘惑。而**毒品的誘惑，通常都是來自朋友。**交錯朋友，導致染上毒癮的例子很多。

吸毒和喝酒往往相連，就像布萊德里在《是的，你家青少年在抓狂》的書中也說了：酒精就是藥物。

青少年吸毒，無非是同儕朋友邀約、解除壓力、顯得酷，還有害羞的人，覺得吸毒後變得大膽起來。說穿了，就是想要把自己平時不敢做的做了，讓自己顯得不一樣。毒品是一種暫時的安慰劑，安慰他們混亂的心智，但也因為青少年的頭腦發育還沒有完全，受到的傷害也更大。

給青少年機會，也是給自己機會。沒有人願意看到孩子抽菸、喝酒、吸毒，但孩子冒險了，我們不能絕望，也不能拋棄他們。

我們該做的，就是繼續**愛他**，**陪他**，**找專業協助**。我們的目的，就是讓孩子回到正常的路上，健健康康的繼續長大，並從錯誤中學習。

「**接納**」，這是一把拉孩子的鑰匙。

04 失聯

青少年和父母失去聯絡，最叫父母糾結不安。為什麼孩子突然沒有訊息了？是真的突然發生的？還是本來就有跡可尋？到底發生了什麼事情？一連串的問題，如排山倒海般的衝向父母，叫父母忍不住要發狂。

成績大幅下降，是最明顯的警訊。代表的可能是孩子在因應課業壓力上能力不及，也可能是行為異常的原因。成績下降前，有可能功課就沒做了。為什麼孩子不做功課？是功課太難嗎？或是功課沒有吸引力？或者孩子精神無法專注在課堂上？如果是，有可能是什麼事情讓他們擔憂，例如，被恐嚇勒索……。

缺課，沒有到學校去上課，更是行為異常的指標。為什麼孩子沒有（或不願意）去學校？是被霸凌，還是被同學排擠？或者被校方處分？被老師責備？從平時孩子的行動和談話，就會顯露出痕跡來。

失聯的孩子，也有可能是受「精神疾病」困擾所致。以下幾種精神疾病是青少年常有的現象。

A．憂鬱症

青少年是「憂鬱症」的好發時期，原因很多，自我認同、角色混亂、價值觀猶疑不定、同儕壓力、學校壓力等因素，都可能讓他們感到憂鬱。

憂鬱症會讓孩子失去平時有的興趣，精神也會顯得懶洋洋的，對什麼事都提不起勁來。睡眠習慣也會因此而改變。

慶幸的是，憂鬱症可以藉由藥物治療而痊癒。**若你家青少年有憂鬱症，千萬別忌諱尋求醫生的協助。**

聯合國世界衛生組織（WHO）統計，「憂鬱症」將成為新世紀三大疾病之一，其他兩大疾病分別是癌症和愛滋病。而國內中央研究院於2012年發表的報告中，指出臺灣常見精神疾病的盛行率十年來上升12.3%，到了2020年為23.8%。

以下節錄自聯合報一篇題為《心情不好、想自殺……，我是憂鬱還是躁鬱？》的報導（2014/6/22）。

耕莘醫院精神科暨心理衛生中心主任楊聰財表示，並不是心情不好就會造成憂鬱症，需符合相關症狀、持續兩星期以上，而且要造成功能障礙，如無法工作、讀書等，才能構成憂鬱症。

根據美國《精神疾病診斷與統計手冊》，至少兩星期期間內，同時出現下列症狀5項（含）以上，就可能患有憂鬱症（❶或❷至少有一個）：

❶ 情緒低落
❷ 明顯對事物失去興趣
❸ 體重下降或上升
❹ 嗜睡或失眠
❺ 精神運動遲滯
❻ 容易疲倦或失去活力
❼ 無價值感或強烈罪惡感
❽ 注意力不集中或猶豫不決
❾ 經常想到死亡

楊聰財指出，大部分的成人會有上述症狀，但青少年不太會說出心聲，表現出來的症狀常是情緒激昂、易怒等；老人則常出現疲憊、對原本有興趣的事物失去活力、假性失智等。

「憂鬱症最擔心的就是自殺。」楊聰財說，女性憂鬱症患者自殺的企圖和念頭較男性高2倍，但男性憂鬱症患者因受到「男兒有淚不輕彈」等文化影響，表現出來的行為較激烈，自殺傷亡的比率較女性高出2倍。中研院研究員鄭泰安的研究也指出，自殺死亡者有97%在生前有精神疾病，其中87%達到重度憂鬱症的標準。

楊聰財指出，造成憂鬱症的血清素調節基因會經由遺傳影響下一代，但不是有遺傳基因就一定會得憂鬱症，還需配合心理和環境因素，例如好勝心強、遭遇天災人禍等。……

董氏基金會心理衛生組組長葉雅馨指出，運動是預防憂鬱症最好的方式，因為運動時，身體會釋放類似抗憂鬱劑的激素，可讓腦內釋放多巴胺及調節血清素，降低罹患憂鬱症的可能。

聯合報針對「憂鬱症」所做的這篇採訪報導，我覺得對憂鬱症或想認識憂鬱症的人幫助很大。青少年不擅長表達自己的情緒，父母可以從旁觀察，更深刻的了解青少年，以避免因忽略而延遲就醫與治療的時機，甚至造成更大的傷痛。

B．躁鬱症

剛提及的聯合報報導中，也說到「躁鬱症」的相關訊息：

憂鬱常否定自己，躁鬱多怪罪別人。

除了憂鬱症，常見與憂鬱症混淆的雙極性情感疾患（躁鬱症），在腦科學方面，則是腦細胞膜周期性不穩定造成。

馬偕紀念醫院精神科主治醫師李朝雄表示，憂鬱症和躁鬱症最大的區別是，躁鬱症有躁期，憂鬱症沒有躁期。躁鬱症患者在鬱症發作期間，不僅心情憂鬱，做任何事更完全提不起勁，一點也不想動；但憂鬱症患者相對有行動力，只是心情鬱悶。……

「你心情不好？會不會覺得自己沒有用？」

「會不會感到沒有希望？看什麼都很負面、很悲觀？」

國泰綜合醫院精神科醫師張景瑞表示，躁鬱症與憂鬱症患者在就診時，常會被誤判，上述關鍵的問題可加以辨別，如果患者答「是」，那他心中的「氣」就是來自否定自己的負面情緒，屬於憂鬱症症狀，這跟躁症易怒的「氣」不一樣，躁症患者生氣來自於看什麼都不順眼，但他找人麻煩或發脾氣時，覺得都是別人不對，並不會否定自己。

有時候，憂鬱症沒有及時治療，也有可能引起「躁鬱症」的癥狀出現。**躁鬱症是精神疾病的一種，不影響一個人的聰明與否，只是腦袋生病了。**

若孩子有一段時期活躍異常，精力旺盛，破壞性強，而另一段時期則沒有精力，看起來頹廢，也不出門，食欲也改變，不必急著斷定孩子就是躁鬱症，不過，帶孩子看醫生，是有必要性的。

如果精神科或心智科醫生可以協助幫忙青少年解決難題，父母就不必讓自己受折磨太多。何況，孩子也的確需要專業醫生的幫助。

C・自殺

這個話題，我真的不太願意去碰。但這也是青少年的現象之一，而且，就在我寫這個篇章時，正好傳來美國喜劇泰斗——羅賓・威廉斯（Robin Williams），在家自殺的消息。

連續幾天，美國的收音機和電視臺不斷的討論，為什麼螢光幕前讓人們開心的喜劇演員會自殺？威廉斯總是追求完美，要表演到最極致，當他站上舞臺時，他全赴精神，精力無窮，但一下舞臺，他立刻感到很深的寂寞。加上威廉斯有嚴重的憂鬱症、躁鬱症、酗酒、古柯鹼癮等問題，以及他缺乏社交技巧……，都可能是他走上這條路的原因。

至於自殺的原因，綜合心理學家和他幾個幾十年交情的好友討論，最根柢的是嚴重的憂鬱症。而這個部分起因於他要表演到最好，要觀眾開懷大笑後離開劇場，一路開車有說有笑的回家。唯有他獨自一人在準備表演的房間裡，被寂寞吞噬。

威廉斯戒毒成功，也曾戒酒成功。而吸毒和酗酒，都和憂鬱症息息相關。因憂鬱症而酗酒和吸毒，接著是自殺，這樣的事情，誰想得到？

要將青少年的精神病症說清楚，不是很容易。我個人認為加拿大卑詩省的團體「卑詩省合作夥伴」（BC Partners）※，在說明和處理兒童及青少年的精神病症言簡意賅，又能清楚勾勒出狀況。

※「卑詩省合作夥伴」（BC Partners）是一個由多家非牟利機構組成的團體，這些非牟利機構互相合作和提供優質的資料，幫助個人和家庭克服精神健康和使用（致癮）物質帶來的問題。網址：www.heretohelp.bc.ca

我在此羅列重點，僅供讀者以加拿大卑詩省的青少年兒童精神病症現象，作為他山之石的參考借鏡。

▼兒童及青少年的精神病症

兒童及青少年是不斷轉變的。在成長過程中，當他們學習新事物，及身體和思想逐漸成熟，日漸長大，轉變是正常的。可是，當這些轉變發生時，我們怎能分辨哪些轉變是正常的，哪些是不正常的呢？我們應從哪一刻開始擔心孩子的恐懼感，或青少年的情緒波動不只是「發育期的問題」？這很難說得準。對許多孩子來說，**這些轉變不只是成長過程的一部分，而是精神病症的病徵**。

▼什麼是精神病症

兒童及青少年患有精神病症的情況其實很普遍，這點大部分的人也許想都想不到。由於**許多（約70%）精神病症都是在18歲之前出現**，因此對於孩童的發育與後續發展，有著極為重要大影響。

以下是常見的兒童和青少年精神病症與行為。

- **焦慮症**（Anxiety disorders）：這是影響兒童及青少年最常見的精神病症。焦慮症會使孩子對於其他同齡者通常不會害怕的事物或處境，感到非常恐懼。
- **注意力缺陷過動**（缺失）**症**（ADD、ADHD）：患有這些症狀的孩子，難以集中注意力，同時也比其他人衝動，及難以安靜下來。
- **行為失調**（Conduct Disorder）：這病症使他們對他人、寵物或財物極具侵略性和破壞性。這些患症的兒童或青少年似乎也對一些重要且基本的規矩毫不在乎，例如，經常會做出逃學或離家出走等行徑。
- **抑鬱症**（Depression）：此病症最常見於青春期，即十多歲時。抑鬱症可以影響兒童或青少年的態度及情緒，發作時會使他們感到異常悲傷或煩躁，每次發作可能超過兩星期。
- **精神錯亂**（Psychosis）：患病者的思想與現實脫了節，最常見於青春期及剛成年的人身上。精神錯亂可以單獨出現，也可能與所提及的其他疾病同時出現。

・**躁鬱症**（Bipolar disorder）：患者通常在十多歲時發病。躁鬱症可能使青少年的情緒反覆無常，在高低之間震盪。

・**飲食失調**（Eating disorders）：在15到24歲的青少年男女當中，有2％可能會罹患飲食失調。通常和青少年自我形象有關，容易因此導致營養不均。

・**精神分裂症**（Schizophrenia）：這通常在15至25歲之間發病。精神分裂症使患病者脫離現實，難以有條理地思考和說話。

・**自殺**（Suicide）：此行為經常與精神病共存。至今，自殺仍然是15至24歲青少年的最主要死因。此外，更令人震驚的是，有過自殺念頭或意圖自殺的情況也十分普遍。

▼若你的孩子有以下現象，就可能罹患精神疾病

觀察孩子的狀況，藉以判斷孩子是否會罹患精神疾病。

- 行為有所轉變（學業成績下降、外向變內向等）
- 最近曾抱怨身體不適（肚子痛、頭痛等）
- 生活能力下降
- 對事情以逃避態度面對
- 接觸酒精或毒品（或依賴會上癮的藥物等）
- 感覺發生變化（異於平常的感覺、情緒極度失常等）
- 不喜歡與外界往來（孤僻、不願與人接觸等）
- 出現異常行動（自殘、自言自語、失眠等）
- 變得冷血（傷害小動物、表達出來的言語等）
- 異常的改變（體重驟降或驟增、對食物喜好突然改變等）

若你的孩子出現上述現象，請坐下來和孩子好好的談一談，若有需要幫助，請務必尋求專業的協助。

▼你可以採取什麼對策

青少年正是不穩定的時期，一旦鑑定有精神疾病，**如能及早求助，大約70%的童年精神病症是可以成功治療的**。

此外，聯合國世界衛生組織曾發布一則《兒童精神衛生健康指南》的文章（http://www.who.int/mental_health/policy/child_ado_module_chinese.pdf）。這些內容有中文翻譯，有興趣可以讀一讀。

▼有問題，你可以找誰幫忙

若覺得孩子有精神上的問題，千萬別諱疾忌醫，也不要以為那是羞恥。精神病症就像是我們偶爾會有的感冒症狀一樣，身體會生病，頭腦也會生病，心當然也會生病。說穿了，就是這麼回事。

臺灣地區就有不少協助兒童及青少年精神病症的組織或團體，這些組織除了直接給予協助外，也可能從中找到相關的訊息與治療機構。

- **1995協助專線——國際生命線／臺灣總會**（www.life1995.org.tw）

　　全臺灣各縣市的生命線電話號碼統一為「1995（要救救我）」，不論市話或手機，直撥這四個號碼，即可與當地生命線服務專員聯繫。

- **臺灣兒童青少年精神醫學會**（www.tscap.org.tw/）

　　若需就醫或詢問，可從這個頁面（www.tscap.org.tw/faculty/faculty_01.asp）入手。在這個網頁上，有一個臺灣地圖，依居住地區點兩下，就會出現當地關於兒童及青少年的精神醫院和醫師及聯絡方式。

- **臺灣防治憂鬱症協會**（www.depression.org.tw/）
- **財團法人董氏基金會**（www.jtf.org.tw/）
- **臺北市生命線協會**（www.lifeline.org.tw/）
- **華文心理健康網**（www.etmh.org/）
- **財團法人勵馨社會福利事業基金會**（www.goh.org.tw）

危機就是轉機

從艾力克森的八個階段人格社會發展理論中，我們都已經知道了，人在每一個階段的發展都有其危機。**而因應危機的方法，不是避免危機的發生，而是去面對和解決，並且將危機化為轉機**。這樣就成功的跨過該階段，而能順利的繼續下一個階段的人生。

我相信，所有父母都希望保護孩子安全度過每一個人生階段。只是有時候使力太大，難免保護孩子過度，讓孩子無法喘氣。有時候太過嚴厲，結果是「嚴官府，出厚賊」，孩子為了怕被父母處罰，說謊變成習慣。

而要避免孩子的危險行為，根據《世代危險》的作者牛頓指出，**就是協助青少年處理他們的壓力和憤怒**。大人很難理解青少年究竟有什麼壓力和憤怒，父母覺得「我已經供吃、供住、供教育、也供玩」，他們只要去上學，讀書，考試，考上好學校，好科系，那就行了。

臺灣的青少年問題最嚴重的，其實就是整個社會著重在知識上的教育太多，教育幾乎等於考試，考試等於學校。青少年的生活，被侷限在幾本教科書裡，離開學校，就到補習班。出了補習班，已經不見太陽了。

背著沉甸甸的書包，帶著疲憊的身心，在晚上十點時，等公車，搭捷運。回到家，也許是晚上十一點了，還要做學校和補習班的功課，到上床時，可能已經是凌晨一點了。這是最理想的狀態，有時候，時間甚至得再往後延一小時。這樣的生活，日復一日，就算是鐵打的身子也承受不了。

我問了一些臺灣的青少年，他們一天能睡幾個小時的覺？得到的答案，平均約是5小時。而且，這通常也是他們的同學長期以來的睡眠時數。

如果我的孩子睡眠8小時，成績拿C；而只有5小時的睡眠，拿的成績是A。老實說，我不會掙扎，我會告訴我的孩子：C很好，只要你健康成長。

如果我緊迫盯人，盯著孩子讀書、考試、做功課，親子關係緊繃，可以拿A；而親子關係融洽，孩子願意坦白說出他們的心裡話，卻拿C。老實話，我寧可孩子拿C。對我來說，孩子睡眠充足，能健康長大，遠比亮眼的成績單重要。

有一位年紀和我相仿的朋友告訴我，當年她所在的苗栗地區，國中同學能考上建中和北一女的，只有幾個，可以說非常難得可貴，一放榜，家鄉立刻放鞭炮慶祝，那是地區最大的光榮。

幾十年間，她不斷聽聞那些從建中和北一女畢業的國中同學，他們的人生不但沒有一般人普遍預期的輝煌，反而對生活很白痴、混亂，財務管理也糟糕透頂。

她為此下了一個結論：**人生的範圍很廣，不是光憑成績單來決定，也不是用讀的是不是好學校來決定的**。

還有一位朋友，他的哥哥姐姐都是聰明絕頂的人，一路求學順利，讀的都是最好的學校，也都是父母最疼愛和寄予厚望的孩子。他的兄姐先後在父母的支助下出國留學，花費可觀。後來在國外的工作，成就看起來挺不錯的。父母以為老年有所依靠了，沒想到他們卻回到臺灣，逼迫父母賣房子，還說那是屬於他們的權利。賣掉父母居住的房子後，拿了錢，那位朋友的兄姐還是離開臺灣，回到僑居地。

難怪我們要嘆息，為什麼最聰明最優秀的孩子，卻使出這種最無情的手段？可是，為什麼多數的父母還是迷信，只要上了第一志願的學校，就有如買了人生最好的保險呢？

牛頓在《世代危險》書中指出，**父母在教養青少年時，危險的敵人是：管教、責任、信任**。而危險的敵人背後是父母的價值觀、界線和穩定性。

如果父母的價值觀認為，讀書，是唯一的價值；考試，是讀書的價值；而考上好學校，則是最高的價值。最後的下場可能就是，我前面所提到的兩位朋友所聽聞和經歷的人生。

眼界有多寬，就看多寬。眼界有多遠，就看多遠。看一個孩子的發展，成功與否的定義，不是看那些考卷上的成績，也不是看進了什麼學校，而是看一生中，孩子的長期價值是什麼，所表現出來的就是那樣。

01 管教

我在美國的大學修了一個人類發展課程，其中提到父母對子女的管教中，最常被提起的是三種管教方式，一個是「權威開明型」（Authoritative），另一個是「威權型」（Authoritarian），還有一個是「寵溺放任型」（Permissive）。

前兩個的英文拼字對我們這種非英語系出身的人，很難區分，因為兩字僅字尾小小差異，定義卻截然不同。「權威開明型」的父母，是最成功教養的模式。而「權威型」的父母，他們對孩子的期待非常嚴厲，換句話說，是沒有彈性教養的父母。至於「寵溺放任型」的父母，則是任由孩子怎麼樣做都可以。

這就是過猶不及的最佳解釋。**對孩子太嚴厲或太縱容，都將導致不良的教養後果**。談再多的教育理論，都不如實際例子參考，再來說的「責任」，談的是《天才老爹》的例子，這可以作為「權威開明型」的最佳註解。

02 責任

在《天才老爹》的影集中，當考斯比和他的太太克蕾爾外出時，他們的5歲女兒露狄則由13歲的女兒凡妮莎負起照顧的責任。期間，凡妮莎在電話上和同學侃侃而談幾個小時，不理會妹妹和鄰居小孩彼得肚子餓了的訴求，繼續熱線你和我。

兩個5歲小朋友餓到受不了，索性就進入廚房，打開冰箱取出花生醬和麵包。彼得告訴露狄，花生醬沒有和果醬混在一起，這樣不太好吃。但是，冰箱裡沒有果醬啊。於是，露狄靈機一動，把一堆葡萄放入爸爸新買的果汁機，要做果醬。

只是他們根本不知道怎麼使用，果汁機一啟動，立刻噴的到處都是。兩個小朋友看到那樣的情景嚇壞了，趕緊落跑躲起來。

後來考斯比的兒子迪奧和二女兒丹妮斯相繼回家，看到這樣的情形，他們就知道發生了什麼事情。他們認為如果私下幫忙處理乾淨，那麼，小妹露狄一定不會學到責任（有人會問：天啊！5歲的孩子必須要學責任。那麼，15歲、18歲的孩子要不要學習責任）。所以，就等父母回家時，讓父母知道，並由父母處置。

考斯比夫妻回到家，當下知道，是13歲女兒沒有盡到父母託付的責任。考斯比到凡妮莎房間，接過話筒，告訴女兒的同學說，凡妮莎現在有事，待會兒她會主動再打給對方。「如果她沒有打電話給你，你千萬別主動打電話來。」他在電話中對凡妮莎的同學這樣說。

在凡妮莎為自己的行為辯解的當下，考斯比也細心地聽著。最後結論還是要負起責任。13歲的女孩沒有被父母責備，但她必須立刻負起善後責任，將廚房裡噴的到處都是的葡萄汁處理乾淨。

而露狄雖然才5歲，媽媽也將她找出來，並取出她正在湮滅的證據——沾滿葡萄汁的衣服，並讓她下樓向爸爸道歉。不只這樣，5歲的孩子得負責清理比較低的葡萄汁沾汙處。

在露狄清潔地面前，考斯比問她：「那臺果汁機是誰的？爸爸有沒有叮嚀過，不可以去按果汁機的按鍵？有沒有說過，機器是危險的？」

在處理兩個孩子犯的錯誤時，考斯比夫妻**沒有責罵孩子，也沒有讓孩子感到忐忑不安，卻讓她們學會負起自己的責任**。兩個孩子的面子分別被父母給顧到了，尊嚴當然也連帶一起了。

整個事件中，我沒有看到任何處罰。我深信，處罰不是必然的，尤其青少年那麼愛面子，處罰時難免要撕掉他們的面子。

「責任」和「獨立」是相輔相成的。**沒有人要獨立，卻不需要負責任。**「自由」和「責任」也是兩面鏡子。**擁有的自由度愈高，責任也愈大。**

青少年要獨立，不少父母惶恐了。惶恐的原因是，孩子不要負責任，依然把責任拋給父母。**父母不能在給孩子獨立和自由時，卻幫孩子扛起責任，而是必須教孩子「如何負起責任」。**

責任感培養的愈好，青少年將來的人生就會愈精彩。因為，他也會懂得為自己的人生負責。

03 信任

當考斯比夫婦把照顧小女兒露秋的責任交給凡妮莎時，他們是信任女兒的。我的爸爸曾經對我說，我的一個姑姑告訴他，若需要用錢，儘管和她開口。那時候，我家的經濟狀況還很不好，要向人家借錢不容易。人家不願意借錢，怕的就是我家太窮還不起。我的爸爸用這個例子告訴我，信用很重要。**只要信用好，就能得到對方的信任。**

多數的青少年不喜歡對父母說自己的事情，所以很多事情父母總是最後一個才知道。為什麼青少年寧可對他們的同學和朋友侃侃而談，卻不願意對父母說呢？信任，是最大的因素。他們信任朋友，卻不信任父母。怎麼會這樣子？

但也有青少年說，能完完全全、毫無保留的對父母掏心掏肺，什麼事都說，因為「爸爸媽媽很開明，會聽，會接受，會了解。即便我闖禍了，也可以坦白說」。

就像凡妮莎，雖然沒有完全盡到照顧妹妹的責任，但考斯比夫婦在處理事件時，只是著重在「負責」上，並沒有延伸處罰。這也讓凡妮莎和露狄都信任父母，「就算闖禍，也不擔心死定了」。那樣的心理，就是源於對父母的信任。**信任孩子，也讓孩子信任父母。彼此互相信任，就會開誠布公了。**

牛頓的的三個危險敵人定律——管教、責任和信任，在在都考驗著當父母的人，要如何拿捏尺寸。三個危險敵人定律不只是青少年的危險敵人定律，也是父母的危險敵人定律。

但我相信，父母從生下孩子的那一刻開始，就已經給孩子滿懷的愛，而且無時無刻不在思考怎麼做對孩子最好。**在孩子成為青少年時，父母是無法控制孩子了，但父母得教導青少年自我控制，也就是讓青少年學習自己管理自己。**

唯有讓青少年學習自己管理自己，並負起責任，以及能和父母之間達到互相信任，那孩子的危險敵人就自然消滅了。

性行為

根據研究，**青少年的階段正處於發生性行為的最高峰期**（15～19歲）。這是家有青少年的父母最擔心的部分。

一如〈是5％惹的禍〉所說，我們已經知道青少年的大腦尚未發展完全，青少年的大腦前額葉皮質上，在自我控制、延後享受、危險分析和感恩上，都還沒有完全成熟，這得在20歲左右才漸趨發展，但直到25歲才能達到真的完全成熟。

不過在生理上，青少年已經和大人一樣，有性衝動、性需求和性滿足。研究顯示，青少年在此方面和大人並沒有差別。

01 禁果的誘惑

根據美國國家性病聯合預防中心（NCSD，National Coalition of STD Directors）2012年的性行為之性病（STD，Sexually Transmitted Diseases，包括HIV和AIDS）預防推展上的研究報告指出，美國發生性行為的最高峰期是在15～19歲，其比率在2008～2011年都是上升的趨勢，但2011～2012年則下降。

臺灣的衛福部國健署於2013年七月公布，臺灣曾有性行為的15～19歲青少年比率，十六年來首次下降，從16.3%下降為13.7%，在性別比率上則是男性高於女性（15.6%：11.5%）。

臺灣青少年「初嘗禁果」的年齡也有下降情況，大約在15～16歲（男性略低於女性）。容許有性行為的比率，男生是43%，女生是25%。至於初次性行為沒有採取避孕措施的男性約59%，女性約55%，都超過半數。

由此對比臺灣與美國的青少年發生性行為的情況，臺灣青少年性行為的比率普遍上比美國青少年還低。雖然如此，當父母的人還是不能放鬆。

另一項研究則顯示，2006～2008年，美國青少年初次見面就與對方上床的少女有14％，少年則有25％。而新的軟體（例如聊天通訊等工具）在青少年性行為發生上扮演了重要的角色，包括傳簡訊、LINE和Email。

相關調查中，訪談有性行為的青少年，發生第一次性行為時的想法。以下是大多數青少年對於自己第一次上床的想法。

▼恥辱

男生認為在青少年時若還是處男，是恥辱，在同儕中得要隱瞞。男生同時認為，缺少性關係則是男性在社交上的能力限制，對將來個人在社會發展不利。

▼正常發展

青少年認為，性行為的發生是自然的發展，一如成人。

▼禮物

女生認為這是特別的禮物，獻給特別的人，而在送出禮物的前提下，女生希冀得到對方的回饋，例如愛情。但結果通常令人失望，她們發現在有性關係後，女生的權力低於男生。另外，青少女經常處在兩種關係的衝突中，就是要保有好女孩的名譽，同時又要有羅曼蒂克的關係。而這兩個衝突是來自於社會的教導。

根據研究的結果，值得父母特別注意的是，那些老是被老師言詞處罰、受到老師討厭，以及得不到父母關愛和溫暖的青少女，最容易和男性，甚至是比她們年長很多的男性發生性行為。她們這樣做，是以為那些男性愛她們，能給予她們欠缺的溫暖與關懷。

02 危險與防護

由於青少年的大腦尚未成熟，他們若有性行為，則會產生兩方面的危險，一是懷孕，另一個是性病傳染。美國在1994～1995年之間，四分之三的人在20歲之前就有性行為了，其中，還造成100萬的青少女懷孕，半數的她們還生下小孩。

臺灣公部門依然建議青少年避免性行為。若無法完全避免發生，那麼，青少年要做的是**「安全防護ＡＢＣ」**，就是：

▼拒絕性誘惑（Abstinence）

▼忠實性伴侶（Be Faithful）

▼全程使用保險套（Use a Condom）

不論如何，**青少年性行為將為自己帶來不必要的麻煩**。根據調查，太年輕就懷孕的青少女，將來在受教育上受到限制，未來收入較低，人生也較坎坷。

要避免這樣的困擾，父母該回到〈關於性，早說比晚說重要〉（P.148）。預防勝於治療，一旦懷孕了，青少年（女）可能因此需要輟學、受到同儕的排擠和欺負、孩子生養孩子的結局，總會給父母帶來無限的煩惱。

所以囉，父母從這兒了解了，給孩子的愛，並不是隨著孩子年紀愈大就可以減少，也不是孩子獨立了，就不需要父母。父母的功能，在青少年時期，比父母想像得還要重要。

後記

陪著青少年，走過轉型期

一樣米養百樣人，同樣地，每個青少年也都是獨特的，但他們也有共同的現象。而這本書，講的是共同的現象，並不代表所有的青少年都有同樣的現象。

有的孩子天生就好養，有的孩子天生就磨人。磨人的青少年，表示他們需要更長的時間去適應轉型，需要父母更大的幫助。

投其所好，是走入青少年內心重要的一步。

三位臺灣青少年剛到來時，我帶他們拜訪亞特蘭大的「勇士隊」，因為那是他們的粉絲的家。我陪他們打籃球、玩拉密數字。

後來，我還教他們玩「過十關」（Phase 10）的遊戲，那和兒童麻將「拉密數字」一樣，都是拉密遊戲的一種，也和數學有關。帶他們玩遊戲，是想讓他們知道，我也能玩遊戲，以免他們以為大人都一個樣。

期間，我帶他們去旅行。到美國朋友家，參加六、七十人，化妝成電影《○○七》角色的生日派對。到小鎮看看真實的美國社會，讓他們分清電影中的美國其實不是真實的美國，電影是娛樂工業，不是全部。

最後，我還安排他們到「透納棒球場」，去看一場勇士隊和聖地牙哥隊的比賽，讓他們滿足小粉絲朝聖的渴望。

B告訴我，通常媽媽和孩子的聊天話題很有限，都是侷限在生活上的比較多；爸爸比較好聊，主要是爸爸懂運動。而他還對我說：「妳不是『標準的女性』，所以，各種話題都可以和妳聊。」

在B的口中，因為我「什麼都可以和他們聊」，也可以一起玩（玩的和他們一樣瘋），還能滿足其所好，所以，居然被說成「不是標準的女性」。我不知道是否該為此感到開心，或感到驕傲。

在轉型期中的青少年的確穩定性低，我其實也數度沒收了三位少年的iPad，因為他們玩線上遊戲玩到深夜還欲罷不能，這會影響他們隔天在美國的夏令營課程或活動。沒收他們的iPad時，我不擔心他們生氣，我只是告訴他們：「已經超過我規定的上床睡覺時間，表示沒有遵守遊戲規則。」

事實上，**如果你總是控制孩子，你家的青少年就學不會自己管理自己。我認定的沒收iPad，並不是在控制他們，而是幫他們學習自我控制。**

父母無法控制孩子只做好的選擇，更不能保證孩子不做壞的選擇，因此，當一個孩子做糟糕的選擇時，不必然是出於他的父母錯誤的教養。

記住，**當你的孩子做壞的選擇時，該改正的是他，不是你。**

生態學家林俊義在他的回憶錄《活出淋漓盡致的生命》一書中提到，「……像自然界中的生態體系，生命是一個開放的體系，每個人生命的可能發展，什麼都是可能的，只要忠實於自己，敢於嘗試，改變自己。生命是你自己選擇的結果：生命選擇後的發展難以預料，人的個性大致決定你的命運，但冥冥中有一神祕的『生命力量』運行著，導致難以預料的後果。到底，生命的運作就是詭譎多變，沒有一定的法則公式可以套用。」林俊義從生態進化的角度，悟出**生命就是「變」**，正可以為父母在教養青少年的過程立下結論。

在此，容我感謝總編輯林小鈴的邀稿。小鈴是一個悲天憫人如菩薩的人，她非常關心和同情家有青少年的父母們艱難的處境，希望我寫一本書來幫助這些父母們度過難關。也非常謝謝企劃編輯蔡意琪，和她合作的過程讓我感到愉快。

最後，謝謝我的孩子世昕和寂琦，讓我有機會當媽媽。**為了要做好教養工作，我很認真的學習，至今不輟。**

國家圖書館出版品預行編目資料

青少年的叛逆，都是5%惹的禍!? / 丘引著. -- 初版. -- 臺北市：新手父母，城邦文化出版：家庭傳媒城邦分公司發行，2014.11
面； 公分. --（好家教系列；SH0130）
ISBN 978-986-5752-20-0（平裝）

1.親職教育 2.親子關係 3.青少年教育

528.2 103023318

叛逆是轉大人的開始

正向教養，教孩子獨立；化解對立，親子關係更緊密

作　　者／丘　引
選　　書／林小鈴
企劃編輯／蔡意琪

行銷經理／王維君
業務經理／羅越華
總 編 輯／林小鈴
發 行 人／何飛鵬
出　　版／新手父母出版・城邦文化事業股份有限公司
台北市中山區民生東路二段141號8樓
電話：(02) 2500-7008　傳真：(02) 2502-7676
E-mail：bwp.service@cite.com.tw
發　　行／英屬蓋曼群島商家庭傳媒股份有限公司城邦分公司
台北市中山區民生東路二段141號4樓
書虫客服服務專線：(02) 2500-7718；(02) 2500-7719
24小時傳真專線：(02) 2500-1990；(02) 2500-1991
服務時間：週一至週五9:30～12:00；13:30～17:00
讀者服務信箱：service@readingclub.com.tw
劃撥帳號／19863813　戶名：書虫股份有限公司

香港發行／城邦（香港）出版集團有限公司
香港灣仔駱克道193號東超商業中心1樓
電話：(852) 2508-6231　傳真：(852) 2578-9337
E-mail：hkcite@biznetvigator.com
馬新發行／城邦（馬新）出版集團 Cite(M) Sdn. Bhd. (458372 U)
11, Jalan 30D/146, Desa Tasik, Sungai Besi,
57000 Kuala Lumpur, Malaysia.
電話：(603) 90563833　傳真：(603) 90562833

封面設計／李喬葳
內頁設計／吳欣樺
內頁排版／菩薩蠻數位文化有限公司
製版印刷／卡樂彩色製版印刷有限公司

初　　版／2014年11月27日3刷
修 訂 版／2018年06月19日
定　　價／300元

城邦讀書花園
www.cite.com.tw
Printed in Taiwan

ISBN 978-986-5752-20-0
EAN 471-770-290-363-3